Seneca | Wie viel Luxus braucht der Mensch?

[Was bedeutet das alles?]

Seneca

Wie viel Luxus braucht der Mensch?

Ausgewählt und aus dem Lateinischen übersetzt von Marion Giebel

Reclam

5. Auflage

RECLAMS UNIVERSAL-BIBLIOTHEK Nr. 19665
2020 Philipp Reclam jun. Verlag GmbH,
Siemensstraße 32, 71254 Ditzingen
info@reclam.de
Gestaltung: Cornelia Feyll, Friedrich Forssman
Druck und Bindung: Elanders Waiblingen GmbH,
Anton-Schmidt-Straße 15, 71332 Waiblingen
Printed in Germany 2025
RECLAM, UNIVERSAL-BIBLIOTHEK und
RECLAMS UNIVERSAL-BIBLIOTHEK sind eingetragene Marken
der Philipp Reclam jun. GmbH & Co. KG, Stuttgart
ISBN 978-3-15-019665-6
reclam.de

Inhalt

Einleitung

Was ist Luxus? Wie unterscheidet er sich von Reichtum und Wohlstand? Ist er eine objektive Größe oder ein subjektives Empfinden? Für die Kriegs- und Nachkriegsgeneration ist eine wohlig-warme Wohnung immer noch ein dankbar empfundener Luxus – für spätere Zeitgenossen eine Selbstverständlichkeit. Die Römer sahen in Senecas Zeit (Seneca wurde um die Zeitenwende geboren und starb im Jahr 65) die zivilisatorischen Errungenschaften wie Fußbodenheizung, Wasserleitungen, öffentliche Bäder und Straßen ebenfalls als selbstverständliche Annehmlichkeiten an. Namen wie Via Appia, Via Aemilia, Agrippa-Thermen weisen darauf hin, dass römische Bürger von Rang und Namen hier von ihrem Reichtum angemessenen Gebrauch gemacht hatten: Vermögen bedeutete Verpflichtung, wie es Cicero (106–43 v. Chr.), gestützt auf Ansichten griechischer Philosophen, in seiner Pflichtenlehre *De officiis* eindringlich zum Bewusstsein bringt. In Griechenland waren die wohlhabenden Bürger per Gesetz verpflichtet, bestimmte kostspielige Aufgaben zu übernehmen, wie die Ausrichtung der jährlichen Theaterwettbewerbe in Athen oder Sportspiele und Götterfeste. Auch die hellenistischen Herrscher wirkten als Sponsoren mit aufwendigen Bauten oder Hilfsmaßnahmen, und die römischen Kaiser folgten ihnen in diesem Euergetismus, dem »Wohltätertum« (vgl. z. B. die Caracalla-Thermen in Rom). Bürger, die in eine Notlage geraten waren, konnten damit rechnen, dass ihnen von Staatswegen oder durch begüterte Mitbürger geholfen wurde. Doch das römische Gemeinwesen war, wie Cicero weiter ausführt, zu seiner Zeit in Schieflage geraten: Die moralischen Grundsätze sind zerrüttet – wo ist die *abstinentia*, die Uneigennützigkeit und Zurückhaltung? Sie ist ins Gegenteil verkehrt durch die Habsucht, *avaritia*, und die Bewunderung des Reichtums. Amtspersonen machen das Gemeinwesen zur Quelle des Profits, bereichern sich schamlos und geben den Bürgern ein schlechtes Beispiel.

Dabei war Rom doch groß geworden durch Tugenden wie *parsimonia*, Sparsamkeit, und *modestia*, Bescheidenheit und Anspruchslosigkeit. Die Helden der Geschichte waren Personen wie jener Lucius Quinctius Cincinnatus, der 458 v. Chr. vom Pflug weggeholt wurde, um als Dictator das römische Heer aus einer Notlage zu retten (nach vollbrachter Tat kehrte er wieder auf sein Landgut zurück), oder Manius Curius Dentatus, 290, 275 und 274 v. Chr. Konsul und siegreicher Feldherr, den die Gesandten der Feinde bei einer selbst zubereiteten Rübenmahlzeit antrafen. Er wies ihr Gold zurück mit der Bemerkung, wer mit einer solchen Mahlzeit zufrieden sei, brauche kein Gold. Tempi passati – jetzt regiert das Gold, das Geld die Welt, auch und gerade die römische.

Die Historiker registrierten genau, wann die Verfallserscheinungen eingesetzt hatten: Mit der Beseitigung rivalisierender Mächte wie Karthago »wich man nicht Schritt für Schritt vom Pfad der *virtus*, der Tugend, man verließ ihn Hals über Kopf und betrat die Bahn des Lasters. Die althergebrachte Lebensart wurde aufgegeben, eine neue eingeführt. Die Bürger wandten sich vom Wachen zum Schlafen, von Waffenübungen zu Vergnügungen, von Geschäften zum Müßiggang« (Velleius Paterculus, *Römische Geschichte* 2,1). Nach der Zerstörung Karthagos 146 v. Chr. kam dann ein weiterer »Luxusschub« mit der Herrschaft über die östliche Mittelmeerwelt nach den siegreichen Feldzügen gegen König Mithridates von Pontos 63 v. Chr. Die orientalische Pracht des Königs, die Pompeius in seinem Triumphzug zur Schau stellte, vergiftete sozusagen die Gemüter: Das Streben nach dieser *luxuria* in Form der Habgier wurde von da an gleichsam zur *materies omnium malorum*, zum Grundstoff aller Übel (Sallust, *Die Verschwörung des Catilina* 1,10).

Doch wurden auch Stimmen gegen solche Dekadenzvorstellungen laut. In einer Senatssitzung unter Kaiser Tiberius (reg. 14–37) sollten Gesetze gegen den Luxus erlassen werden. Dagegen wandte sich ein Senator (Tacitus, *Annalen* 2,33): Die Vergrößerung des Reiches hat auch ein Anwachsen des privaten Wohlstandes mit sich gebracht. Als der Staat noch klein war, waren auch die Häuser der Bürger eng; nun, da er in herrlicher Größe dasteht, dehnen sich auch die Besitzungen der Einzelnen aus. Man kann doch beim privaten Aufwand heutzutage nicht von den Vermögensverhältnissen vergangener Zeiten ausgehen – sollen die Männer von Rang und Stand heute leben wie in grauer Vorzeit? Ja wie sollten sie nicht Anteil haben an den *divitiae*, den Reichtümern, und dem damit verbundenen *savoir vivre*, wie es aus den eroberten Gebieten in die Hauptstadt floss? Schließlich muss man doch durch die Teilhabe daran seine Stellung in der Gesellschaft dokumentieren, kann nicht hinter den anderen zurückstehen. Wer wollte und könnte schließlich, selbst wenn er sich als *modestus*, als Anhänger althergebrachter Sparsamkeit versteht, auch die Seinen auf dieses Ideal verpflichten? Würden sie nicht vielleicht einen Prestigeverlust der ganzen Familie befürchten, geminderte Aufstiegschancen für die jüngere Generation? Und was half es, dass Scipio Africanus der Jüngere (185–129 v. Chr.) kein Stück der karthagischen Siegesbeute anrührte, wie es heißt – seinen Soldaten und dem ganzen zivilen Tross konnte er das nicht anbefehlen. Selbsternannte Feldherren wie Sulla (138–78 v. Chr.) mussten ihre Soldaten bei der Stange halten, indem sie ihnen immer größere Schenkungen machten; Sulla plünderte dafür sogar die Göttertempel. Welcher Krieger wollte sich da noch mit der üblichen Löhnung zufrieden geben? Konnte man es von ihm verlangen?

Die Integrität Einzelner rettet die Welt nicht – es ergibt sich ein gewisses Dilemma, das auch uns Heutigen nicht fremd ist, die wir mit einem System ständigen Wirtschaftswachstums und dessen Folgen konfrontiert werden und *nolens volens* damit leben müssen. Systemzwang – gibt es das – kann man nicht aussteigen? Diogenes (400/390 – 328/323 v. Chr.) konnte es, er lebte in der Tonne, aber schon wenn er Frau und Kinder gehabt hätte, wäre es schwierig geworden.

Mit Seneca haben wir einen Gewährsmann, bei dem die Gegensätze zwischen persönlich angestrebter *modestia* und gesellschaftlich gelebter *luxuria* offen zu Tage treten, der sie theoretisch und praktisch thematisiert hat und uns an seinen Versuchen, diese Spannung zu bewältigen, Anteil nehmen lässt. Für ihn war Luxus nicht so sehr das Anschaffen und Besitzen von Gütern, sondern ein stetes Mehrhabenwollen, da der Luxus ständig neue Reizmittel braucht. Dadurch wird der Mensch unfrei: Er ist keine autonome Persönlichkeit, sondern ein Sklave der Verhältnisse. Das galt besonders für die Neureichen, die Emporkömmlinge (wie sie Petron in seinen *Satyrica* so anschaulich darstellt), aber Seneca hatte auch Nachfahren alter römischer Familien im Visier, die glaubten, den Trend zum »Immer mehr« und zu einer glänzenden Fassade unbedingt mitmachen zu müssen. Und er nahm sich auch selbst nicht davon aus, wie er uns wissen lässt. Wenn auf seiner Reise ins einfache Leben die Luxuskarossen an seinem Maultierkarren vorbeirauschten, hatte er doch ein gewisses Gefühl des Unbehagens …

Lucius Annaeus Seneca ist um die Zeitenwende im spanischen Corduba geboren, als Sohn einer angesehenen Familie des römischen Ritterstandes. Die Familie zog mit ihm nach Rom, wo er eine gründliche Ausbildung erhielt, die ihn für die Senatorenlaufbahn vorbereitete. Sein Vater war ein Kenner und Liebhaber der Rhetorik und verfasste Schriften dazu, die *Controversiae* und *Suasoriae* – sie sind heute noch interessant zu lesen. Vom intensiven Studium der Philosophie hielt er offenbar nicht so viel, vermutlich weil es dem Aufstieg in der römischen Gesellschaft nicht förderlich war (Diogenes als Leitbild?). Die Mutter Helvia scheint dagegen der Philosophie zugeneigt gewesen zu sein, wie Senecas späterer Brief an sie zeigt.

Seneca erfüllte die Voraussetzungen für einen Aufstieg in der Ämterlaufbahn: Er gewann bald Ansehen als Redner und Anwalt, doch zog er auch die Aufmerksamkeit des Kaisers Caligula (reg. 37–41) auf sich, der sich selbst für den besten aller Redner hielt und den Konkurrenten aus dem Wege schaffen wollte. Es gehört zu den Merkwürdigkeiten dieser Epoche kaiserlicher Willkür, dass ausgerechnet das Wort einer Kurtisane des Kaisers den späteren Philosophen vor dem Tod bewahrte: Der junge Mann hätte es an der

Lunge und werde es eh nicht mehr lange machen ... Seneca litt in der Tat an Asthma und Bronchialkatarrhen; Ersteres kurierte er weitgehend aus durch einen längeren Aufenthalt in Ägypten unter der Pflege einer Tante, das andere Übel aber blieb ihm und quälte ihn immer wieder. Man kann annehmen, dass die häufige Beschäftigung mit dem Tod in seinen Schriften davon nicht unbeeinflusst ist.*

Caligulas Ermordung 41 n. Chr. und der Regierungsantritt seines Onkels Claudius (reg. 41–54) schienen bessere Zeiten einzuleiten, doch nicht für Seneca. Die Kaisergattin Messalina sah ihren Einfluss bedroht durch ihre Nichte Iulia Livilla und räumte sie aus dem Weg, indem sie sie wegen Ehebruchs anklagen ließ – ein seit den Zeiten des Augustus probates Mittel, unliebsame Mitglieder der Kaiserfamilie zu eliminieren, wie es mit den beiden Iulien, Tochter und Enkelin des Augustus, geschehen war. Die Anklage gestattete ein internes Verfahren ohne ordentlichen Gerichtsentscheid mit folgender Verbannung. Als Ehebrecher oder Sympathisant eignete sich ein Intellektueller, der per se aufrührerischer Ansichten verdächtig war – bei der jüngeren Iulia war es Ovid, der in ihren Sturz hineingerissen wurde und sein Leben in der Verbannung am Schwarzen Meer verbringen musste. Hier war es Seneca, den durch Kaiser Claudius die Strafe der Verbannung traf. Er sprach später von Verbindungen zu Personen, deren Freundschaft kein Glück brachte. Es heißt auch, er sei *quasi conscius adulteriorum Iuliae* verurteilt worden, »als ob er Mitwisser ihrer Ehebruchsaffären gewesen sei«**. Auf politische In-

* Vgl. die Textsammlung Seneca, *Der gute Tod* (s. Literaturhinweise).

** Eine Scholiennotiz zu Juvenals *Satiren*. Ein gewisser Suillius warf

trigen und Machtkämpfe im Hintergrund deutet schon die Tatsache, dass Iulia Livillas Schwester keine andere war als Agrippina, die nach Messalinas Tod die nächste Gattin des Claudius werden und Seneca aus der Verbannung zurückholen sollte.

Die Jahre 41–49 musste Seneca auf der damals recht unwirtlichen Insel Korsika verbringen, die noch nicht von den Segnungen römischer Zivilisation, von Infrastruktur und römischem Siedlungsbau profitiert hatte. Den mit kaiserlicher Ungnade belasteten Verbannten werden die Einwohner eher mit Zurückhaltung aufgenommen haben, auch war es seit Tiberius üblich, Verbannte zu bespitzeln. Isolation galt seit jeher als drückendste Last des Exils. Wie ertrug Seneca sein Schicksal? Er verfasste einen Brief an seine Mutter Helvia. Darin belehrt er sie in Form einer Trostschrift darüber, dass er in der Lehre der Stoa inneren Halt gefunden hat: Sie muss ihn daher nicht beklagen, denn er ist nicht unglücklich. Helvia und alle, die sich für sein Schicksal interessierten, erhielten sozusagen einen Kompaktkurs in philosophischer Lebenslehre: Die Verbannung ist kein Unglück, der Mensch kann überall leben, die ganze Erde ist ihm Vaterland (das stoische Weltbürgertum), und er kann sich erfreuen an der Beobachtung des Himmels und der Gesetzmäßigkeit im All, in die er gewissermaßen hineingenommen ist. Wenn man als Verbannter über geringere Mittel verfügt, lernt man, wie wenig der Mensch eigentlich für sein Auskommen braucht. Seneca

Seneca um 58 vor, er habe durch ehebrecherische Beziehungen das Haus des Germanicus entehrt und sei zu Recht verbannt worden. Vgl. Tacitus, *Annalen* 13,42 und S. 19 f.

betreibt Zivilisationskritik: In beißendem Ton tadelt er die sinnlose Verschwendung seiner Zeitgenossen, vor allem den Tafelluxus, eines seiner späteren Hauptthemen.

Was sagt er in diesem Brief über sich und seinen Fall? Er darf nicht explizit sagen, er sei unschuldig, denn er würde sonst Kaiser Claudius ein falsches Urteil unterstellen. Indem er sich aber in eine Reihe stellt mit dem unschuldig verurteilten Sokrates, sagt er genug. Schließlich fordert er die Mutter auf, sich wie er selbst der Philosophie zuzuwenden. Die Grundlagen hat sie ja gelegt, nur hat sie der Vater in seinen allzu strengen altrömischen Vorstellungen davon abgehalten, ihr Studium zu vertiefen. Das kann sie aber nun nachholen (der Vater ist inzwischen verstorben), und dann wird sie, genau wie er selbst, Ruhe und Sicherheit finden und so ihrer Trauer um ihn ein Ende machen.

Dennoch blieb für Seneca, dessen beste Jahre auf einer einsamen Felseninsel verrannen, als Römer der Wunsch nach entsprechender Betätigung, für die er ausgebildet war: im Staatswesen. So wird er die Aufhebung des Verbannungsurteils durch Claudius auf Betreiben Agrippinas voller Zukunftshoffnungen aufgenommen haben.

Im Jahr 49 wurde Seneca Prätor, und Agrippina bestimmte ihn zum Erzieher und Mentor ihres Sohnes Nero (geb. 37 n. Chr.), der auf ihr Bestreben hin von Kaiser Claudius adoptiert worden war und als der Ältere den Vorrang in der Thronfolge vor Claudius' Sohn Britannicus haben sollte. Nach dem (wohl von Agrippina herbeigeführten) Tod des Claudius 54 trat Nero die Nachfolge an (reg. 54–68), und Seneca führte, zusammen mit dem Prätorianerpräfekten Burrus, die Staatsgeschäfte für den jungen Kaiser. Diese Zeit (54–59) bezeichnete Kaiser Trajan später als das »glückliche Jahrfünft Roms«. Seneca dachte sicher an das Wort Platons (um 428 – um 348 v. Chr.), die Menschheit werde dann glücklich sein, wenn die Philosophen Herrscher oder die Herrscher Philosophen seien. So sucht er in seinem Fürstenspiegel *De clementia* (*Über die Güte*) seinen Zögling davon zu überzeugen, dass die größte *voluptas* (Freude, Vergnügen) darin liege, seinen Mitbürgern Wohltaten zu erweisen und so ihr Wohlwollen, ihre Zuneigung zu gewinnen. Der junge Kaiser kann und soll, gestützt auf die Prinzipien der stoischen Philosophie, eine neue, glückliche Epoche einleiten. Doch bekanntlich verstand Nero unter *voluptas* keinen entsagungsvollen Dienst an der Wohlfahrt seiner Untertanen und legte keinen Wert darauf, als Philosophenherrscher Ruhm zu erwerben. Das Verhältnis zwischen dem Mentor und seinem Schüler kühlte sich ab, bis angesichts von dessen Willkürakten und Grausamkeiten, die bis zur Tötung seiner ihm unbequemen Mutter gingen, kein Zweifel mehr bestand: Bald würde ihm auch der Lehrer, dieser Tugendapostel, allzu lästig werden.

Seneca legte 62 n. Chr. seine Amtsbefugnisse nieder und zog sich ins Privatleben zurück. Er wollte sich nun ausschließlich seinen Studien widmen. Die reichen Güter, die er im Laufe seiner Amtszeit vom Kaiser erhalten hatte, wollte er zurückgeben, doch Nero lehnte dies ab. Er wolle ja nicht undankbar erscheinen – sollte sich der tugendhafte Philosoph nur weiter den Vorwürfen ausgesetzt sehen, er sei einer von denen, die Wasser predigen und Wein trinken …

Seneca hatte in den langen Jahren auf Korsika alle philosophischen Systeme studiert; die Stoa war und blieb seine geistige Heimat. Ihr Ziel war die autonome Persönlichkeit, die allen Wechselfällen des Lebens standhält, wozu ja auch sein damaliges wie sein gegenwärtiges Geschick gehörte. Doch nahm er auch gerne Anleihen bei anderen Philosophenschulen, wie etwa bei den Pythagoreern oder bei Epikur (um 341 – um 270 v. Chr.). Dessen Schule mit ihrem Luststreben galt als Gegenpol zur Stoa mit dem strengen, ja asketischen Ideal der Tugend. Seneca hatte keine Berührungsängste. Die Epikureer, die nach sinnlicher Lust und Wohlleben streben, hatten ihren Meister in Misskredit gebracht. Epikur selbst vertrat eine maßvolle, genügsame Lebensweise – denn wie kann man das höchste Ziel, das Glück, erreichen, wenn man stets einen neuen Sinnenkitzel für die Lust braucht, da sich die äußeren Reize rasch verbrauchen? Der Glückszustand als eine »Meeresstille der Seele« (*galéne*), nachdem man alle störenden inneren und äußeren Faktoren unter Kontrolle gebracht hat: ein Bild, dem auch Stoiker zustimmen können. Epikurs Ratschlag: »Lebe im Verborgenen« (*láthe biósas*) war der Hauptangriffspunkt gegen seine Lehre – das Ideal des Bürgers, des Griechen wie des Römers war es, sich im Gemeinwesen zu engagieren. Doch Seneca war auch hierin duldsam: Unter tyrannischen Kaisern, wie er sie erlebt hatte und erlebte, wenn da dem Staat nicht mehr zu helfen war, kann und darf sich der Bürger zurückziehen. Ihm bleibt, wie Seneca selbst – und wie vor ihm Cicero unter Caesars Alleinherrschaft –, die Möglichkeit, durch seine Schriften zu wirken.* Seneca arbeitete seiner Überzeugung nach für die Nach-

* Anders Plutarch, der unter maßvollen Kaisern wie Trajan lebte, die das Engagement der Bürger wünschten und förderten. Er verurteilte Epikurs Grundsatz scharf. Vgl. Plutarch, *Arbeiten im Alter? Denkanstöße aus der Antike*, Stuttgart 2019.

welt, der er ein Kompendium der Philosophie hinterlassen wollte, als Lebenslehre und -ratgeber.

In den Jahren seiner Tätigkeit in Rom hatte er seine Zeitgenossen studieren können und gesehen, wie sie sich in hektischer Betriebsamkeit erschöpften, planlos ihre Tage zubrachten, stets auf der Jagd nach einem neuen Kick, und dabei ihre Lebenszeit vergeudeten. Man musste sie aufrütteln und ihnen klarmachen, wie kostbar das Leben ist – und wie schnell es vorbei sein kann. *De brevitate vitae* (*Von der Kürze des Lebens*) ist der Titel eines seiner bis heute beliebtesten Werke. *Dialogi* hat man seine Einzelschriften genannt, und Dialoge sind es auch, zwar an einen bestimmten Adressaten gerichtet, doch hatte der Autor gleichzeitig ein weiteres Publikum im Auge, das er ansprechen, ja therapieren wollte. Daher auch seine nicht Schreib-, sondern Sprechweise, brillant, pointenreich, mit Beispielen und Sentenzen, die bis heute nachwirken: *Non scholae, sed vitae discimus* – »nicht für die Schule, für das Leben lernen wir« – dreht Seneca um – für die Schule lernen wir, lauter unnützes Zeug, Anhäufung von Wissen, aber nicht, wie wir ein rechtes Leben führen.

Eine regelrechte Verhaltenstherapie benötigten solche Zeitgenossen wie sein Freund und Verwandter Annaeus Serenus, an den die Schrift *De tranquillitate animi* (*Über die Ausgeglichenheit der Seele*) gerichtet ist: Er erklärt Seneca, er leide an einem Gemütszustand, der zwar keine Krankheit sei, ihn aber doch belaste. Er spüre sozusagen ein inneres Schwanken wie bei einer Seekrankheit: Einerseits hat er die Lehren der Philosophie in sich aufgenommen, bekennt sich zu einem Leben ohne Luxus und Aufwand, aber wenn er dann zu einem reichen Gastmahl eingeladen ist, in ein prächtiges Haus, das nur so funkelt und glänzt, mit goldbetressten Lakaien, mit Weinen und Speisen aller Art – dann kommt ihm sein »einfaches Leben« doch etwas schäbig vor. Ebenso geht es ihm mit seiner Lebensweise: Erst stürzt er sich in die Tätigkeiten und Geschäfte des öffentlichen Lebens, dann, wenn die Erfolge ausbleiben, zieht er sich zurück ins *otium*, die gepflegte Muße, mit Lesen und Schreiben. Doch das wird ihm auch bald langweilig, und er wird missmutig und unzufrieden. Seneca kennt diesen Zustand: Es mangelt am seelischen Gleichgewicht. Daran leiden auch die Reisewütigen, die heute ins Gebirge, morgen an die See fahren, dann wieder nach Hause, und wieder fort … Der Ortswechsel hilft ihnen nicht, denn sie nehmen sich ja selbst immer mit, und sich selbst müssen sie verändern.

Was soll man tun? Tätig sein – wenn nicht im öffentlichen Leben, wo man auf allerlei Hindernisse stoßen kann, dann als Privatmann, wo man sich mit seinem Talent, mit Wort und gutem Rat den Mitmenschen nützlich machen kann und dabei selbst Befriedigung erfährt. Wenn man sich den Wissenschaften zuwendet, dann kann man Freunde und Gleichgesinnte um sich sammeln. Nur nicht in der Einsamkeit verdämmern und dem Lebensüberdruss, dem *taedium vitae* verfallen! Freundschaften zu pflegen ist von Nutzen, und man darf auch einmal an Feiertagen richtig fröhlich und ausgelassen sein. Doch sollte man immer darauf achten, dass sich der labile Zustand nicht gewissermaßen wieder einschleichen kann.

Eine ähnliche Anfrage nach einem gelingenden Leben hatte Senecas Bruder Gallio* an ihn gerichtet. Ihm antwor-

* Lucius Annaeus Novatus, adoptiert dann unter dem Namen Lucius Iunius Gallio: Als Prokonsul (Statthalter) von Achaia (Grie-

tete er in seiner Schrift *De vita beata* (*Vom glücklichen Leben*): Es geht um das *summum bonum*, das höchste Gut, das im Besitz der *virtus*, der Tugend, der sittlichen Vollkommenheit besteht, die das wahre Glück garantiert. Sie ist das höchste und einzige wahre Gut und entspricht wiederum der göttlichen Vernunft, die den Kosmos durchwaltet. So hatte es der Gründer der Stoa, Zenon, um 320 v. Chr. formuliert. Alle anderen Dinge, die man allgemein als Güter einschätzt, wie Reichtum, Gesundheit, Macht und Ansehen, sind nur *adiáphora, indifferentia*: Dinge, auf die es nicht ankommt, wertneutrale Güter. Eine gar zu rigide Ansicht, möchte man meinen. Doch wahres Glück muss etwas Dauerhaftes sein, und bei den Dingen außerhalb von uns können wir nicht garantieren, dass sie uns auf Dauer erhalten bleiben. Krankheit, Krieg und Katastrophen aller Art können uns aller äußeren Güter berauben. Daher müssen wir diese in rechter Weise beurteilen: als geliehene Gaben der Fortuna. Ist das nicht eine recht triste Lebenseinstellung? Nein, meint Seneca, sie kann im Bewusstsein der Unerschütterlichkeit auch zu innerer Ruhe, einem Seelenfrieden führen. Die Christen gaben ihm da Recht: Auch sie predigten im Hinblick auf die irdischen Güter das »Haben, als hätte man nicht«.

Seneca nimmt im Folgenden Einwände seiner Gegner vorweg. Warum lege er dann so viel Wert auf diese Güter und lebe in Reichtum und Überfluss? Ein gewisser Suillius, übel beleumdet als Ankläger und Denunziant unter

chenland) lehnte er es ab, Paulus zu verurteilen, den die Juden in Korinth vor seinen Richterstuhl gebracht hatten (vgl. Apostelgeschichte 18,12–17).

Claudius und Messalina, stand vor Gericht und suchte offenbar von sich abzulenken, indem er massive Vorwürfe gegen Seneca erhob – der reiche und einflussreiche Minister stand damals, 58 n. Chr., auf der Höhe seines Wirkens. Es gab wohl auch Sympathisanten, die eine solche Kritik befürworteten: »Wie hat er es gemacht, durch seine Weisheit, seine philosophischen Lehrsätze, in vier Jahren Freundschaft mit dem Kaiser 300 Millionen Sesterzen zusammenzuraffen? In Rom weiß er auch die kinderlosen Erblasser in seine Netze zu ziehen, so dass er in jedem Testament bedacht wird, Italien und die Provinzen beutet er aus mit riesigen Zinssummen. Ich bin lieber mit meinem bescheidenen, aber ehrlich erworbenen Vermögen zufrieden als mich einem solchen Emporkömmling zu beugen!« (Tacitus, *Annalen* 13,42)

Seneca greift diese Vorwürfe und öffentlichen Anfeindungen, dass bei ihm Leben und Lehre nicht in Einklang stünden, in *De vita beata* auf und geht ausführlich auf sie ein, eine Replik, die eben nicht nur rhetorischer Praxis geschuldet war. Dabei schont er seine Gegner nicht: In gereiztem Ton vergleicht er sie mit kläffenden Hunden und bringt seinen Traktat von der Tugend damit etwas aus dem Gleichgewicht. Er hat jedoch recht, wenn er sagt: Wie soll man eine Rolle im öffentlichen Leben spielen, mit der Möglichkeit, positiv auf seine Mitmenschen einzuwirken, wenn man ihren Lebensstil komplett ablehnt, sich zurückzieht – sozusagen in die Tonne? Seneca sieht die Problematik; er hat sie mehrfach thematisiert. Hier rechtfertigt er sich auch damit, dass der Reichtum viele Möglichkeiten biete, Gutes zu tun, Wohltaten zu spenden. Darüber hat er in seiner Schrift *De beneficiis* (*Über die Wohltaten*) ausführlich gehandelt; der Reichtum war ja seit jeher auch eine Verpflichtung. Insofern hat ein Reicher mehr Möglichkeiten, für die Allgemeinheit zu wirken.* Seneca hat nach dem Brand Roms einen großen Teil seines Vermögens für den Wiederaufbau zur Verfügung gestellt.

Angesichts der Vorwürfe, die ihm hier gemacht wurden, musste Seneca seine sonst so scharfe Kritik an den »Gaben des Glücks« etwas einschränken. Gab es doch auch reiche Römer, die einen kultivierten Gebrauch von diesen Gütern machten, wie wir es heute noch an den römischen Villen sehen. In der sog. Pisonenvilla in Herculaneum gab es offenbar eine kleine Privatakademie; es sind hier Schriften des epikureischen Philosophen Philodem (um 110 – um 40 v. Chr.) gefunden worden. Cicero suchte nach schönen Statuen, um sein Tusculanum auszustatten, er verfasste dort aber auch die *Gespräche in Tusculum* und nutzte seine Villen, wie manche andere vor und nach ihm, auch als Rückzugsorte in politisch schwierigen Zeiten. Plinius der Jüngere (um 61 – um 114), der voll liebevollem Stolz seine prächtig ausgestatteten Villen mit ihren Bädern und Parkanlagen beschreibt, der sich aber auch auf vielfältige Weise sozial betätigte, hätte dagegen Einspruch erhoben, in eine Reihe gestellt zu werden mit solchen Nichtstuern und Neureichen, die ständig auf der Suche nach ausgefallenen Dingen sind, nur um ihre Zeitgenossen zu übertrumpfen.

Nach seinem Rückzug aus dem öffentlichen Leben hielt Seneca sich zusammen mit seiner Gattin Paulina meist auf

* Aus unserem Wohlstand, wie auch immer er zu beurteilen ist, speist sich das Spendenaufkommen samt den Hilfsprogrammen für die ärmeren Länder.

einem seiner Landgüter auf. Er kehrte zu einer alten Liebe aus seiner Zeit in Korsika zurück, zur Betrachtung und Erforschung der Natur. Es entstanden die *Naturales quaestiones* (*Naturwissenschaftliche Untersuchungen*), in denen er Themen der Astronomie, Meteorologie und Geographie behandelt, mit respektvollem Interesse für die Himmelsphänomene, aber auch für Fragen wie die Nilschwelle oder die Entstehung von Erdbeben. Doch Seneca kommt von der Weltnatur immer wieder auf die Natur des Menschen und übt auch hier Zivilisationskritik. Er prangert den Missbrauch der *bona naturae*, der Wohltaten der Schöpfergottheit an. Das Werk ist seinem etwas jüngeren Freund Lucilius gewidmet, der Interesse an solchen Fragen hat, aber auch an der Philosophie allgemein. So war er auch der ideale Partner für Senecas großes Werk, an dem er von 62 bis 65, also bis zu seinem Tod, gearbeitet hat: die Sammlung der 124 philosophischen Briefe, *Epistulae morales ad Lucilium*. Die Freundschaft wurde schon erprobt in den gefahrvollen Tagen Caligulas. Nun war Lucilius Procurator, ein höherer Verwaltungsbeamter, in Sizilien. Er lebte nach den Grundsätzen der Philosophie, wie sie damals als Lebenslehre vielfach die Rolle der Religion übernommen hatte: Er war kein strenger Anhänger einer Schule, sondern offen für alle wegweisenden Gedanken. So konnte Seneca brieflich mit ihm diskutieren, denn er war selbst nicht der vollkommene Weise*, sondern ein *proficiens*, einer, der auf dem Wege ist. Es war also eine »therapeutische Lektüre« (Michael von

* Nach strenger stoischer Observanz gab es diesen nicht, er war ein Ideal; für Seneca waren jedoch Gestalten wie Sokrates oder Cato der Jüngere als Weise anzusehen und nach Kräften nachzuahmen.

Albrecht, S. 41), statt eines reinen Lehrer-Schüler-Verhältnisses.

Der bewundernswerte Kunstcharakter der Briefe sollte nicht dazu führen, ihnen den Realitätscharakter abzusprechen. Seneca war sich bewusst, dass er in Ungnade gefallen war, dass er also zu dem Personenkreis gehörte, den der erste Mann am Thron, der berüchtigte Tigellinus, observieren ließ. Was würde im Ernstfall aus seinen Schriften werden? Es hatte schon unter Tiberius Bücherverbrennungen gegeben,* wobei der Stein des Anstoßes die Äußerung des Autors war, Brutus sei der letzte Römer gewesen. Bei Seneca hätte man lesen können, dass der »Lumpenphilosoph« Attalus den römischen Triumphzug, den er gesehen hatte, als Mummenschanz abgetan habe, was die Zustimmung des Autors findet. Und anderswo heißt es, wer einen Einzigen ermorde, werde streng bestraft, töte man aber im Feldherrnmantel Unzählige, werde man noch gefeiert. Und die auf der Via Appia marschierenden römischen Soldaten seien ja, von oben betrachtet, nichts anderes als Ameisen, die herumwuselten. Es war nicht opportun, solch subversives Schriftwerk in der Schublade liegen zu lassen. So wird Seneca jeweils einzelne Konvolute an Lucilius geschickt haben, und er wird auch die Themen mit ihm abgesprochen haben. Dass er, trotz seines Wunsches, keine persönliche Begegnung mit dem Freund herbeiführte, war wohl auch der Vorsicht zuzuschreiben, ihn nicht in

* Vgl. Senecas *Trostschrift an Marcia*, die Tochter des Geschichtsschreibers Cremutius Cordus, die ein Exemplar seines Werkes retten konnte, bevor es verbrannt wurde und ihr Vater das Todesurteil erhielt.

sichtbare Verbindung zu ihm, einer *persona non grata*, zu bringen.*

Gibt es für die Fülle der Themen in diesem »Fernlehrgang Philosophie« einen gemeinsamen Nenner? Seneca will sich, Lucilius und die weiteren Leser, auf die man jetzt oder später hoffen konnte, zu einem richtigen Leben erziehen, gemäß der Natur, wie es die Stoa fordert. Die Beispiele, mit denen er die einzelnen Regeln veranschaulicht, sind lebensnah und höchst anschaulich, vor allem wo sie das besondere Anliegen Senecas betreffen: Weg mit dem Luxus, der den Menschen unfrei macht! Muss man ständig das Neueste besitzen, nur weil es die anderen auch haben? Müssen denn alle Seeufer zugebaut werden? Muss man Delikatessen vom anderen Ende der Welt auf dem Tisch haben? Nein – wenn wir der Natur folgen, brauchen wir weniger und leben zufriedener und gesünder. Und wir sind frei für die wirklich wichtigen Dinge des Lebens, das uns dann nicht ungenutzt verrinnt. Seneca konnte von sich selbst sagen, dass er diesem Ziel nahegekommen sei. Und so starb er gefasst, nach dem Bild des stoischen Weisen, als der Mordbefehl seines einstigen Schülers zu ihm kam.

Was könnten wir von ihm, trotz aller Unterschiede der Zeiten, übernehmen? Sein Genügsamkeitsideal, seine Ablehnung vom Mehrhabenwollen und -müssen, gewinnt unter dem Stichwort Minimalismus heute immer mehr Anhänger. Er gilt als ein Lebensstil, den wir als ressourcenschonend oder sozial- und umweltverträglich bezeichnen können, der sich als Alternative zur konsumorientierten

* So sollte für Seneca dann die Verbindung zu Piso, der als Verschwörer unter Verdacht stand, verhängnisvoll werden.

Überflussgesellschaft versteht. Durch Konsumverzicht, bewusste Auswahl der Güter, auch der Nahrungsmittel, schafft man ein Bewusstsein, dass auch der Einzelne, wenngleich in engem Rahmen, etwas bewirken kann.

Im Folgenden finden sich Textstellen aus verschiedenen Werken Senecas thematisch angeordnet. Nicht immer ist ein ganzer Abschnitt im jeweiligen Kontext relevant: Auslassungen wurden zur angenehmeren Lesbarkeit nur kenntlich gemacht, wo *innerhalb* eines Zitats etwas weggelassen wurde. Wer die Texte in Gänze lesen möchte, sei auf die Gesamtausgaben verwiesen (s. Literaturhinweise).

I Reichtum oder »fröhliche Armut«?*

Unabhängigsein von materiellen Gütern

Briefe an Lucilius 2,4–6

(4) Beschaffe dir [durch deine Lektüre] täglich etwas zur Hilfe gegen die Armut, gegen den Tod und nicht weniger gegen die sonstigen Übel.

(5) Das mache ich selbst auch; aus mehrerem, was ich gelesen habe, eigne ich mir etwas an. Heute ist es das, worauf ich bei Epikur gestoßen bin – ich begebe mich nämlich auch einmal ins gegnerische Lager, nicht als Deserteur, sondern als Kundschafter.** »Eine ehrenwerte Sache«, sagt Epikur, »ist eine fröhliche Armut.«

(6) Das ist freilich keine Armut, wenn sie fröhlich ist; nicht wer wenig hat, sondern wer immer mehr haben will, der ist arm. Was kommt es nämlich schon darauf an, wie viel er in der Kasse, wie viel er in den Speichern liegen hat, wie viel Vieh er weidet oder Geld auf Zinsen ausleiht, wenn er auf fremdes Eigentum aus ist, wenn er nicht Erworbenes, sondern noch zu Erwerbendes berechnet. Was soll das Maß des Reichtums sein?, fragst du. Erstens besitzen, was notwendig ist, als nächstes, das, was genug ist.

* »Wenn Seneca einfach von ›Armut‹ spricht, denkt er nicht an absolute Armut, sondern an mäßigen Wohlstand«, so Michael von Albrecht (S. 51 f.).

** Zu Epikur und zu Senecas Verhältnis zu dessen Schule s. S. 16.

Briefe an Lucilius 21,7

Epikur schrieb auch jenen berühmten Satz an einen Freund: »Willst du den Pythokles* reich machen, so sind nicht seine Gelder zu vermehren, sondern seine Begehrlichkeit zu mindern.«

Briefe an Lucilius 4,10

Die Natur, sagt Epikur, fordert nicht viel: Nicht hungern, nicht dürsten, nicht frieren.

Briefe an Lucilius 21,10

Wenn du am Eingang zu Epikurs bescheidener Gartenanlage** stehst und die Inschrift liest: »Fremder Gast, hier wirst du dich wohlfühlen, hier ist das Wohlgefühl das höchste Gut«, dann wird der gastliche, menschenfreundliche Hüter dieses Domizils bereitstehen und dich mit Gerstenbrei bewirten, dir auch Wasser reichlich einschenken und sagen: »Du bist doch gut aufgenommen worden? Nicht regt es den Hunger an, dieses Gärtchen, sondern es stillt ihn; es macht nicht mit seinen Getränken den Durst noch größer, sondern löscht ihn mit einem natürlichen und kostenlosen Mittel; in dieser Art des Vergnügens bin ich alt geworden.«

* Pythokles war ein Freund und Schüler Epikurs.

** Die *horti Epicuri*. Epikur hatte seine Schule in einer Gartenanlage in Athen gegründet, wo sich auch nach seinem Tod noch Freunde und Anhänger trafen und auch seinen Geburtstag feierten.

Briefe an Lucilius 18,9–10.12–13

(9) Epikur, der bekannte Meister des Lebensgenusses, hatte bestimmte Tage, an denen er mit ganz spärlichen Mitteln den Hunger stillte. Er wollte sehen, ob dabei dem Wohlbefinden [*voluptas*] in seinem vollendeten Genuss etwas fehle oder wie viel daran fehle und ob es sich lohne, dass man sich große Mühe gebe, um das Maß voll zu machen. Das sagt er wenigstens in seinen Briefen [...], und er rühmt sich, dass er für seine tägliche Ernährung nicht mal ein ganzes As brauchte, Metrodor, der noch nicht so weit sei, brauche ein ganzes.*

(10) Eine solche Kost, meinst du, reicht gerade so zur Sättigung aus? Nein, sie ist sogar ein Genuss; ein Genuss allerdings, der nicht leicht und flüchtig ist und stets erneuert werden muss, sondern ein beständiger und sicherer. Freilich ist es nicht gerade ein Hochgenuss, sich mit Wasser, Graupensuppe und Gerstenbrot zu verköstigen, es ist aber sehr wohl sogar höchster Genuss, auch daraus einen Genuss zu gewinnen und sich darauf beschränkt zu haben, was uns keine Ungunst des Schicksals entreißen kann.

(12) Fang also damit an, mein Lucilius, solchen Gewohnheiten zu folgen,** und setze einige Tage fest, an denen du dich von deinem Wohlstand distanzierst und dich auf ein Mindestmaß einstellst; beginne mit der Armut vertraut zu werden:

* Mit dem As ist hier eine kleine Münze gemeint, »ein Groschen«. Metrodor aus Lampsakos (gest. 277 v. Chr.) war ein Freund und Schüler Epikurs.

** Es geht um das Askesetraining, vgl. S. 68 ff. Zu Lucilius s. S. 22 f.

»Wag es, o Freund, zu missachten die Schätze, und würdig des Gottes werde auch du!«*

(13) Kein anderer ist des Gottes würdig als der, dem der Reichtum gleichgültig geworden ist. Seinen Besitz untersage ich dir nicht; ich will nur bewirken, dass du ihn ohne Furcht vor Verlust besitzen kannst; das wirst du nur auf die Weise erreichen, wenn du überzeugt bist, dass du auch ohne ihn glücklich leben kannst, wenn du ihn stets als vergänglich ansiehst.

Prunk und Glanz – und nichts dahinter

Briefe an Lucilius 110,14–18.20

(14) Ich erinnere mich, dass mein Lehrer, der Philosoph Attalus**, unter großem Beifall aller Folgendes sagte: »Lange habe ich mir vom Reichtum imponieren lassen. Gestaunt habe ich, wenn etwas davon hier und da aufglänzte. Ich glaubte, was sich dahinter verbarg, müsse ebenso sein wie das, was zur Schau gestellt wurde. Aber bei irgendeinem öffentlichen Festzug sah ich die gesamten Schätze der Stadt, kunstvolle Arbeiten aus Gold und Silber und dem, was den Wert von Gold und Silber noch übertraf, ausgesuchte Farben und Stoffe, herbeigeschafft nicht nur aus Ländern jen-

* Vergil, *Aeneis* 8,364. König Euander empfängt Aeneas an der Stelle des späteren Rom in einer schlichten Behausung, mit der einst auch Herakles vorlieb genommen hatte.

** Seneca schätzte den stoischen Philosophen, seinen Lehrer, sehr; Attalus wurde unter Tiberius (reg. 14–37) verbannt.

seits unserer Grenzen, sondern noch jenseits der Grenzen unserer Feinde [wie Seide aus China, Gewürze aus Indien], hier Gruppen von Knaben, auffallend durch ihre Tracht und ihre Schönheit, da ebensolche Scharen von Frauen und andere Kostbarkeiten, die das Reich in seiner höchsten Blüte bei der Musterung seiner Schätze aufgeboten hatte.

(15) Was bedeutet dies anderes, sagte ich mir, als die an sich schon regen Begierden der Menschen aufzureizen? Was soll dieses Hofieren von Geld und Gut? Sind wir zusammengekommen, um Habsucht zu lernen? Aber wahrhaftig, ich nehme von hier weniger Begehrlichkeit mit, als ich hergebracht habe! Ich habe den Reichtum zu verachten gelernt, nicht weil er überflüssig, sondern weil er armselig ist.

(16) Hast du gesehen, wie innerhalb weniger Stunden der ganze Zug, obgleich langsam und geordnet, vorüber war? Soll das unser ganzes Leben in Anspruch nehmen, was nicht einmal einen ganzen Tag in Anspruch nahm? All dieser Reichtum schien mir für die Besitzer ebenso überflüssig zu sein wie für die Zuschauer.

(17) So sage ich mir denn jedes Mal, wenn ein derartiges Schauspiel meine Augen blendet, sooft ich ein prächtiges Haus erblicke, eine aufgeputzte Schar von Sklaven, eine von stattlichen Männern getragene Sänfte: Was bewunderst du da, was staunst du? Es ist nur ein prunkvoller Aufzug. Schaustücke sind das, kein Besitz, und während man sie angafft, ziehen sie vorüber.

(18) Wende dich lieber wahrem Reichtum zu. Lerne, mit wenigem zufrieden zu sein, und rufe frohgemut das bekannte Wort Epikurs aus: ›Wir haben Wasser, wir haben Gerstenbrei, mit Jupiter selbst wollen wir an Glück wetteifern!‹«

(20) Das sagte Attalus zu uns, die Natur sagt es zu allen. Wenn du dir vornimmst, darüber immer wieder nachzudenken, dann wirst du es erreichen, glücklich zu sein, nicht zu scheinen, und zwar bei dir selbst, nicht bei anderen.

Sich selber treu bleiben – überprüfe dich!

Briefe an Lucilius 20,2–3.7–8

(2) Handeln lehrt die Philosophie, nicht reden, und dies verlangt sie, dass jeder nach seinem eigenen Grundsatz lebe, dass das Leben nicht im Widerspruch stehe zur Rede oder gar zu sich selbst, dass es eine einheitliche Färbung aller Handlungen gebe. Das ist die wichtigste Aufgabe der Weisheit und ihr sicherstes Merkmal, dass die Handlungen mit den Worten übereinstimmen, dass man in jeder Lage sich selbst treu und immer derselbe bleibe. »Wer wird das schaffen?« Wenige, aber immerhin einige. Es ist freilich schwierig, und ich behaupte ja auch nicht, dass der Weise immer in einem gleichmäßigen Schritt vorwärts gehen wird, sondern dass er auf einem und demselben Weg bleiben wird.

(3) Beobachte dich daher, ob etwa deine Kleidung und dein Haushalt nicht zueinander passen, ob du gegen dich selbst großzügig, gegen die Deinen aber knauserig bist, ob deine Mahlzeiten bescheiden, deine Bauten aber verschwenderisch sind. Nimm dir eine Richtschnur, nach der du leben willst, und richte danach dein ganzes Leben aus [wenn es sein muss, auch ohne dein Vermögen].

(7) »Was soll«, sagst du, »aus dieser ganzen Schar von meinen Leuten werden, ohne Vermögen?« Wenn dieser gesamte Schwarm nicht mehr von dir ernährt werden wird, dann müssen sie sich eben selbst ernähren, und du wirst dann das, was du aufgrund deiner Fürsorge nicht wissen kannst, eben dank deiner Armut wissen: Sie wird dir die wahren und verlässlichen Freunde bewahren, von dir trennen wird sich jeder, dem es nicht um deine Person, sondern um etwas anderes ging. Muss man aber nicht schon aus diesem einen Grund die Armut lieben, weil sie zeigen wird, von wem du geliebt wirst? O wann wird der Tag kommen, an dem niemand mehr dir zu Ehren lügt?

(8) Darauf sollen sich nun deine Gedanken richten, dies sei deine Sorge, dies dein Wunsch – die Erfüllung aller anderen Wünsche sollst du dem Gott überlassen –, dass du nämlich zufrieden bist mit dir selbst und mit den Gütern, die aus dir selbst stammen. Beschränke dich auf eine bescheidene Stellung, aus der du nicht abstürzen kannst!

Briefe an Lucilius 123,1–4.6

(1) Erschöpft von der mehr unbequemen als langen Reise kam ich erst spät in der Nacht auf meinem Landgut, dem Albanum*, an. Nichts finde ich dort bereit, nur mich selbst. So bringe ich denn mich und meine Müdigkeit zu Bett und rege mich nicht auf über die Saumseligkeit von Koch und Bäcker. Ich spreche nämlich mit mir selbst darüber, dass etwas gar nicht schwer ist, was man leicht nimmt, nichts ein

* Senecas Landsitz in den Albanerbergen, etwa 20 Kilometer südöstlich von Rom.

Grund zum Ärgern, wenn man nicht selbst noch eine Portion Ärger dazugibt.

(2) Kein Brot hat mein Bäcker, doch der Verwalter, doch der Hausmeister, der Pächter. »Aber schlechtes Brot«, sagst du. Warte nur ab: Es wird noch gut werden, der Hunger wird es in feines Weißbrot verwandeln. Man soll eben nicht eher essen, als bis der Hunger es befiehlt. Ich werde also warten und nicht eher essen, bis ich entweder gutes Brot bekomme oder schlechtes nicht mehr verschmähe.

(3) Notwendig ist es, sich an bescheidene Verhältnisse zu gewöhnen, es gibt viele durch Ort und Zeit bedingte Engpässe auch für reiche und wohlhabende Leute. Alles, was man will, kann niemand haben, aber eines kann man: gar nicht erst wünschen, was man nicht hat, und heiter genießen, was sich bietet. Ein wichtiges Stück unserer Freiheit ist ein sozusagen leichtfuttriger Magen, der sich auch einmal eine kärgliche Verpflegung gefallen lässt.

(4) Du kannst dir nicht vorstellen, wie wohl mir das tut, dass meine Müdigkeit von selbst nachlässt: Ich brauche keine Masseure, kein Bad, kein anderes Heilmittel – nur Zeit. Was man sich durch Anstrengung zugezogen hat, heilt die Ruhe. Diese bescheidene Mahlzeit ist mir angenehmer als ein Festbankett.

(6) Wie überflüssig manche Dinge sind, merken wir erst, wenn sie auf einmal fehlen; wir haben sie benutzt, nicht weil wir sie brauchen, sondern weil wir sie eben haben. Wie vieles schafft man sich nur an, weil andere Leute es auch haben, weil alle Welt es hat. Das ist eine der Ursachen unserer Nöte, dass wir uns nach dem Beispiel der anderen und nicht nach der Vernunft richten, sondern uns von dem, was die Allgemeinheit tut, verleiten lassen. Wenn es nur

wenige täten, würden wir es nicht nachmachen; wenn es aber mehrere tun, dann laufen wir ihm nach, als ob es dadurch richtiger würde, dass es häufiger ist. So nimmt bei uns den Platz des Richtigen der Irrtum ein, sobald er zum Massenwahn geworden ist.

II Der Natur gemäß leben

Die gute alte Zeit – wer wünscht sie sich zurück?

Briefe an Lucilius 86,1.4–12

(1) Hier aus dem Landhaus des Scipio Africanus schreibe ich dir, nachdem ich zu seinen Manen gebetet habe, und an dem Altar, der nach meiner Vermutung über der Grabstätte dieses bedeutenden Mannes steht.*

(4) Ich habe mir das Landhaus angesehen, das aus Quadersteinen errichtet ist, die Mauer, die den Park umschließt, auch die Türme, die als Schutzwehr des Hauses auf beiden Seiten hochgezogen sind, eine Zisterne unterhalb der Gebäude und der Grünfläche, die sogar für den Bedarf eines ganzen Heeres ausreichen könnte, und die enge kleine Badeanlage, nach alter Gewohnheit ganz dunkel: Unseren Vorfahren schien es offenbar nicht warm, wenn es nicht dunkel war.

(5) Ich hatte mein Vergnügen daran, mir die Gewohnheiten Scipios und die unsrigen vorzustellen: In diesem Winkel war es, wo jener »Schrecken Karthagos«, dem Rom es verdankte, dass es nur einmal erobert wurde [von den

* Publius Cornelius Scipio der Ältere (um 236–183 v. Chr.) war Feldherr im Zweiten Punischen Krieg. Er besiegte 202 v. Chr. Hannibal bei Zama. Scipio wollte, so meinte man, nicht im Grabmal der Scipionen in Rom, sondern in seinem Landhaus in Liternum, an der Küste Kampaniens, nahe Cumae, bestattet werden, wohin er sich nach politischen Kämpfen in ein freiwilliges Exil zurückgezogen hatte. Manen: die Geister der Toten.

Galliern, aber nicht von Hannibal], seinen Körper abwusch, erschöpft von den Mühen der Landarbeit. Er übte sich nämlich in körperlicher Arbeit und grub selbst das Land um, wie es bei den Alten Sitte war. Unter diesem bescheidenen Dach stand er, dieser einfache Fußboden trug ihn. Doch wer würde es jetzt ertragen, so zu baden?

(6) Ärmlich und schäbig käme er sich vor. Heutzutage müssen die Wände von großen und kostbaren Spiegeln glänzen, Marmor aus Alexandria ist mit Ornamenten aus numidischem Marmor verziert, überall muss der Marmor eine aufwendige Farbtönung in der Art einer Malerei haben, das Deckengewölbe muss mit Glas bedeckt sein, weißglänzender Marmor von der Insel Thasos, einst ein seltener Anblick in dem einen oder anderen Tempel, muss unsere Badebecken umgeben, in die wir mit unserem von vielen Schwitzkuren entkräfteten Körper eintauchen, wobei es silberne Wasserhähne sein müssen, die das Wasser einströmen lassen.*

(7) Und bis jetzt spreche ich nur von den Badeanlagen der Normalbürger – was, wenn ich erst zu den Bädern der Freigelassenen** komme? Wie viele Statuen gibt es da, wie viele Säulen, die nichts tragen, sondern nur zur Verzierung aufgestellt sind, um den prunkvollen Aufwand zu demonstrieren! Wie viel Wasser strömt da mit Getöse über

* Marmor aus Alexandria in Ägypten, aus Numidien in Nordafrika und von der griechischen Insel Thasos galt als sehr kostbar.

** Ehemalige Sklaven, die unter den Kaisern als neue, unbedingt loyale Klasse auch hohe Ämter innehatten und mit ihren Reichtümern die alten Adelsfamilien übertrafen, als Parvenüs vielfach parodiert (vgl. z. B. Petron, *Das Gastmahl des Trimalchio*).

Stufen herab! Und so verwöhnt sind wir inzwischen, dass wir nur noch auf Edelsteine treten wollen.

(8) In diesem Bad Scipios sind eher winzige Spalten als Fenster aus der Steinmauer herausgeschnitten, um ohne Beeinträchtigung des Mauerwerks Licht einzulassen. Doch jetzt bezeichnet man solche Bäder [nach dem lichtscheuen Ungeziefer] als Schabenbäder – wenn sie nicht so eingerichtet sind, dass sie den ganzen Tag über Sonnenlicht durch weite Fenster erhalten, wenn man nicht baden und sich zugleich bräunen lassen kann, wenn man nicht von der Badewanne aus einen Blick über Felder und Meere hat.* Deshalb werden die Bäder, die bei ihrer Einweihung noch großen Zulauf und Bewunderung fanden, als veraltet abgelehnt, sobald sich der Luxus etwas Neues ausgedacht hat, womit er sich selbst überbietet.

(9) Doch einst gab es nur wenige [öffentliche] Bäder und ohne prunkvolle Ausstattung: Warum eine teure Einrichtung für etwas, das nur ein paar Heller kostete und zum Gebrauch, nicht zum Vergnügen gedacht war? Es wurde kein Wasser nachgegossen, es strömte nicht ständig frisches Wasser zu wie aus einer heißen Quelle, und man fand es nicht so wichtig, in wie klarem Wasser man seinen Schmutz abspülte.

(10) Aber, gute Götter, wie viel Freude macht es doch, in diese dunklen und mit gewöhnlicher Tünche gestrichenen Bäder einzutreten, wenn man weiß, dass im Amt des Ädils hier Männer wie Cato oder Fabius Maximus oder einer von

* Ein solches Luxusbad mit ganztägiger Sonneneinstrahlung und weiter Aussicht hatte z. B. Plinius der Jüngere (s. S. 21), vgl. *Briefe* 2,17,11; 5,6,25 f.

den Scipionen mit eigener Hand die Wassertemperatur geprüft haben!* Denn auch diese Amtspflicht nahmen die aus dem höchsten Adel stammenden Beamten wahr, nämlich die Stätten aufzusuchen, in denen das Volk sich häufig aufhielt, ihre Sauberkeit zu prüfen sowie ihre angemessene und heilsame Temperatur, nicht so, wie es bei uns neuerdings Mode ist: wie ein Feuer, so heiß, wie um dort einen Sklaven, der eines Verbrechens überführt ist, zur Strafe bei lebendigem Leibe einzutauchen. Es ist, so kommt es mir vor, kein Unterschied mehr, ob es im Bad brennt oder heiß ist.

(11) Da schütteln doch manche heutzutage den Kopf über Scipios bäurische Einfachheit, weil er in sein Bad nicht durch breite Fensterscheiben das Licht hereingelassen hat, weil er sich nicht im vollen Sonnenlicht gar kochen ließ und nicht darauf wartete, im Bad seine Verdauung zu verrichten. Was war er doch für ein armer Kerl! Er verstand einfach nicht zu leben. Er badete nicht in gefiltertem Wasser, sondern oft in trübem, ja wenn es heftiger regnete, in fast schon schlammigem Wasser. Aber es kam ihm nicht darauf an, so oder so zu baden, er kam nämlich, um seinen Schweiß dort abzuwaschen, nicht das Salböl. Was werden dazu nun so manche sagen, was meinst du?

(12) »Ich beneide Scipio nicht. Der lebte wahrhaftig in der Verbannung, wer so badete.« Ja was sagst du erst, wenn

* Marcus Porcius Cato Censorius (Cato der Ältere, 234–149 v. Chr.) war ein bedeutender Politiker, Redner und Schriftsteller. Er war berühmt für sein unbestechliches Wesen, seine Grundsatztreue gegenüber den römischen Traditionen und seinen Einsatz für die Vormachtstellung Roms. Quintus Fabius Maximus Verrucosus (um 275–203 v. Chr.) war ein berühmter Feldherr und Konsul (auch Ädil) im Zweiten Punischen Krieg.

du wüsstest, dass er nicht jeden Tag badete, denn den alten Überlieferungen zufolge spülte man nur Arme und Beine täglich ab, auf denen sich natürlich der Schmutz der Tagesarbeit angesammelt hatte, ansonsten nahm man ein Vollbad nur an Markttagen [an jedem neunten Tag]. Da wird einer sagen: »Mir ist klar, dass sie damals ganz schön schmutzig gewesen sein müssen.« Was glaubst du, wonach sie gerochen haben? Nach Kriegsdienst, Arbeit, Mann! Nachdem saubere Bäder aufgekommen sind, sind die Leute dreckiger geworden.

Im Goldenen Zeitalter lebte man noch bescheiden, aber im Einklang mit der Natur

Briefe an Lucilius 90,38.41–43

(38) Welche Generation von Menschen war glücklicher als jene damals? Gemeinsam genossen sie die Früchte der Natur; sie bot wie eine Mutter ausreichenden Schutz für alle; darauf beruhte der sichere Besitz des Allgemeinguts. Warum sollte ich diese Generation der Sterblichen nicht die wohlhabendste nennen, in der man keinen Armen finden konnte? Da drang in jene aufs Beste geordnete Welt die Habgier ein, und in ihrem Bestreben, etwas für sich auf die Seite zu bringen, machte sie alles zu fremdem Gut [statt des früheren gemeinsamen Besitzes].

(41) Vorher aber ruhten die Waffen, und die Hände, an denen kein menschliches Blut klebte, richteten sich in ihrem Ingrimm nur gegen wilde Tiere. Menschen, denen irgendein dichter Hain Schutz vor der Sonne geboten hatte,

die in einem einfachen Schlupfwinkel unter Laubwerk sicher vor dem rauen Winter und Regengüssen lebten, verbrachten friedliche Nächte ohne einen Seufzer. Beunruhigung quält uns auf unseren Betten mit Purpurdecken und schreckt uns hoch mit schärfsten Stacheln: Doch welch sanften Schlaf schenkte jenen der harte Erdboden!

(42) Nicht schwebten über ihnen kunstvoll verzierte Kassettendecken, sondern unter freiem Himmel lagerten sie, und die Gestirne glitten über ihnen dahin, ein eindrucksvolles nächtliches Schauspiel – das Weltall setzte unablässig seinen Umlauf fort, lautlos vollzog es sein gewaltiges Werk. Tagsüber wie in der Nacht bot sich ihnen der Anblick dieses herrlichen Weltgebäudes [...].

(43) Ihr dagegen ängstigt euch bei jedem Laut in euren Häusern, und inmitten eurer bemalten Wände lauft ihr, wenn nur irgendein Geräusch zu hören ist, in Panik davon. Die Menschen in der frühen Zeit hatten keine Paläste so groß wie ganze Städte: Windhauch und freier Luftzug über offenes Land, leichter Schatten eines Felsblocks oder Baumes, kristallklare Quellen und Flüsse, nicht durch Stauwehre oder Leitungsrohre oder sonst einen erzwungenen Lauf denaturiert, sondern frei dahinströmend, und Wiesen, schön auch ganz ohne Gartenkunst – und mittendrin eine ländliche Unterkunft, von rauer Hand getüncht: das war eine Heimstätte, wie sie der Natur entsprach, in der man wohnen konnte, ohne sich vor ihr oder für sie zu fürchten. Heutzutage sind ja die Häuser eine der Hauptursachen für unsere Furcht.*

* Vgl. *Naturwissenschaftliche Untersuchungen* 6,1,12. Hauptsächlich betroffen von Einsturzgefahr waren freilich die aus schlechtem Material erbauten *insulae*, die Mietskasernen, vgl. Juvenal 3,193 ff.

Ein bewundernswertes Beispiel: Bescheidenheit statt Luxus

Briefe an Lucilius 95,72–73

(72) Es wird von Nutzen sein, nicht nur die Wesensart tüchtiger Männer zu beschreiben, ihre Gestalt und ihre Gesichtszüge darzustellen, sondern auch zu erzählen und zu berichten, wie sie sich verhalten haben [...], so zum Beispiel Tubero*, der hölzerne Speisesofas und Ziegenfelle statt Decken für ein öffentliches Festmahl aufbot und vor dem Tempel des Jupiter selbst Tongeschirr aufstellte. Was war das anderes als eine Heiligung der Armut auf dem Kapitol? Das war doch die Lektion eines Zensors, kein Gastmahl.

(73) Ach, wie wenig wissen doch die ruhmsüchtigen Menschen, was Ruhm ist und wie man ihn erstreben soll! An jenem Tag hat das römische Volk das Tafelgeschirr von vielen betrachtet, das eines einzigen bewundert. Das Gold- und Silbergerät von all den anderen ist inzwischen zerbrochen und tausendmal umgeschmolzen, doch Tuberos Tongeschirr wird alle Jahrhunderte überdauern.

* Quintus Aelius Tubero, Konsul 118 v. Chr., Neffe des jüngeren Scipio, gab zu dessen Andenken auf dem Kapitol ein öffentliches Bankett, das zum Sinnbild der altrömischen Schlichtheit wurde.

Was bedeutet es: gemäß der Natur leben?

Briefe an Lucilius 94,68–69

(68) Das nämlich ist Weisheit, sich der Natur zuzuwenden und sich wieder in den Zustand versetzen zu lassen, aus dem uns der allgemeine Wahn vertrieben hat.

(69) Ein Großteil der geistigen Gesundheit besteht darin, sich von den Befürwortern einer ungesunden Denk- und Lebensweise losgesagt zu haben und sich weit entfernt zu halten von dieser für beide Seiten schädlichen Kumpanei.

Über die Wohltaten 7,10,2–4

(2) Es hat doch die Erde bei Gott alles, was für uns nützlich werden sollte, offen zur Verfügung gestellt; das Gold, die Edelmetalle aber hat sie vergraben, in der Tiefe versenkt und – als schädliche Dinge und Unheil für die Völker, wenn sie allgemein zugänglich werden sollten – mit ihrem ganzen Gewicht belastet. Ich sehe, wie das Eisen aus der gleichen dunklen Tiefe hervorgeholt worden ist wie das Gold und das Silber – damit weder ein Werkzeug fehle zum gegenseitigen Morden noch der Lohn.

(3) Dabei haben diese Dinge freilich noch eine gewisse materielle Grundlage [...]. Da sehe ich dort aber Urkunden, Schuldverschreibungen und Bürgschaften: nichtige Sinnbilder des Besitzes, Schattenbilder einer Habsucht, die sich an mancherlei abarbeitet, womit sie den Geist täuscht, der sich an leerem Gewinn erfreut. Denn was sind das für Dinge, was sind Zinsgewinn, Schuldbuch und Profit, wenn

nicht Namen für die Gier des Menschen noch über die natürlichen Dinge hinaus!

(4) Da beklage ich mich über die Natur, dass sie auf Gold und Silber nicht so hohe Berge getürmt hat, dass wir es nicht ausgraben konnten! Aber was sind das für Listen, für Rechnungen, Zinstermine und Profite aus Wucherzinsen, an denen Blut klebt? Übel, die wir uns freiwillig eingebrockt haben in unserer falschen Vorstellungswelt – nichts ist daran, was sich sehen lassen, was man in Händen halten kann, allerhand leere Träume, mit denen uns unsere Habgier etwas vorgaukelt.

Briefe an Lucilius 45,9

Glücklich ist nicht der, den das Volk so nennt, bei dem das große Geld zusammengeströmt ist, sondern derjenige, der all sein Gut in seinem Geist hat, aufrecht und erhaben, der Bewundertes mit Füßen tritt, der niemanden sieht, mit dem er tauschen möchte, der den Menschen allein danach bewertet, wodurch er ein Mensch ist, der sich die Natur zur Lehrmeisterin nimmt, nach ihren Gesetzen sein Leben einrichtet, so lebt, wie sie es vorgeschrieben hat.

Briefe an Lucilius 16,7–9

(7) Alles, was jemand treffend gesagt hat, habe ich mir zu Eigen gemacht. So auch Epikurs* bekannten Ausspruch: »Wenn du nach der Natur lebst, wirst du niemals arm sein,

* Zu Epikur s. S. 16.

wenn nach den Meinungen der Allgemeinheit, dann wirst du niemals reich [genug] sein.

(8) Wenig verlangt die Natur, Unermessliches die Meinung der Masse. Magst du mit allen Schätzen der Reichen überhäuft werden, mag dich das Glück mit einem Vermögen ausstatten, das jeden Privatbesitz übersteigt, mag es dich mit Gold überschütten, in Purpur kleiden, dich zu solchem Luxus und Wohlstand bringen, dass du die Erde mit Marmorplatten zudeckst – Schätze darfst du nicht nur besitzen, sondern mit Füßen auf sie treten, Statuen und Gemälde sollen noch dazukommen und alles, was jegliche Kunst zur Prachtentfaltung ersonnen hat – du wirst davon nur lernen, immer noch mehr zu begehren.

(9) Natürliche Wünsche halten sich in Grenzen; was aber aus einem falschen Wunschdenken kommt, das kennt weder Maß noch Ziel. Der Wanderer auf einer Straße kommt einmal ans Ziel, der Irrtum schweift im Grenzenlosen. Kehre dich daher ab von nichtigen Träumen, und wenn du wissen willst, ob du einen natürlichen Wunsch hast oder ein blindes Verlangen, dann überlege, ob es irgendwo sein Genügen findet. Bist du in deinem Bestreben schon weit gegangen, und es ist immer noch etwas in weiter Ferne, dann kannst du überzeugt sein, dass es nicht naturgemäß ist.

Leben wider die Natur

Briefe an Lucilius 122,2–3.5.6.8–10

(2) Es gibt doch wahrhaftig Leute, die die Bestimmung von Tag und Nacht vertauschen und ihre Augen, noch schwer vom Rausch des Vortages, nicht vor Anbruch der Nacht öffnen.

(3) Meinst du, dass die wissen, *wie* man leben muss, die nicht wissen *wann*?

(5) Du fragst, woher diese Verkehrtheit kommt, den Tag abzulehnen und das ganze Leben in die Nacht zu verlegen? Alle Laster kämpfen gegen die Natur und leugnen die uns aufgegebene Ordnung der Welt. Das ist eben das erklärte Ziel dieses perversen Luxuslebens, Freude zu haben an der Abnormität und nicht nur vom Normalen abzuweichen, sondern sich möglichst weit davon abzusetzen und schließlich sogar ins krasse Gegenteil zu verfallen.

(6) Hältst du das nicht für ein Leben wider die Natur, wenn Leute in nüchternem Zustand sich volllaufen lassen, den Wein auf leeren Magen in den Körper pumpen und betrunken zum Essen gehen? Nach dem Mittag- oder Abendessen zu trinken, das ist ihnen zu gewöhnlich. Das machen Familienväter auf dem Land und solche, die nichts von wahrer Trinkkultur verstehen. Nur rein bietet [ihrer Meinung nach] der Wein den wahren Genuss, wenn er nicht auf dem Essen schwimmt und ungehindert zu den Nerven dringt. Nur der Rausch macht Freude, der sich im leeren Körper ausbreiten kann.

(8) Und scheint dir das nicht ein Leben wider die Natur: Männer, die mit Frauen die Kleidung tauschen? Und ist

nicht auch das wider die Natur, im Winter nach Rosen zu verlangen und durch Gießen mit warmem Wasser und geschickte Standortveränderung die Lilie, die Frühlingsblume, in der Winterkälte zum Blühen zu bringen? Und leben nicht diejenigen wider die Natur, die die Fundamente ihrer Thermen ins Meer hinaus verlegen und nur dann meinen, sie schwimmen ihrem Komfort entsprechend, wenn um ihre Warmwasserbassins Meereswogen und Sturmfluten branden*?

(9) Haben solche Leute erst einmal angefangen, all ihr Tun und Treiben auf den Gegensatz zu Natur und Gewohnheit zu stellen, dann sagen sie sich schließlich ganz und gar von allem Naturgemäßen los. »Es wird hell: Also Schlafenszeit! Es herrscht Nachtruhe: Jetzt auf zu unseren sportlichen Übungen, auf zur Spazierfahrt, zum Frühstück! Das Tageslicht kommt: Zeit zum Nachtmahl! Nur nicht das Gleiche tun wie das gemeine Volk, es ist doch vulgär, im gleichen Trott zu gehen wie der Pöbel. Der Tag sei für die arbeitende Masse, für uns soll ein eigener – unser persönlicher Morgen anbrechen!«

(10) Solche Leute sind für mich wahrhaftig schon so gut wie tot; wie wenig sind sie, die bei Fackeln und Kerzenlicht leben, von einer Leichenfeier entfernt!

* Ähnlich heutigen Infinity Pools.

Naturerkenntnis als Regulativ der eigenen Sichtweise

Naturwissenschaftliche Untersuchungen 1, Vorrede (3.5.7–8.11.17)

(3) Ich sage der Natur dann Dank, mein bester Lucilius*, wenn ich sie nicht nur so sehe, wie sie sich aller Welt zeigt, sondern wenn ich in ihre Geheimnisse eingetreten bin, wenn ich lerne, was die Materie des Universums ist, wer sein Urheber oder Hüter, was die Gottheit ist. (4) Wenn ich keinen Zugang zu diesen Fragen hätte, lohnte es sich nicht, geboren zu sein. Weshalb sollte ich dann froh sein, der Zahl der Lebenden anzugehören? Etwa um Essen und Trinken wie durch ein Sieb durch mich hindurchrinnen zu lassen? Oder um diesen kränklichen, schlaffen Körper, der zugrunde geht, wenn er nicht immer wieder aufgefüllt wird, vollzustopfen und als mein eigener Krankenpfleger zu leben? Um den Tod zu fürchten, zu dem allein wir geboren sind? Nimm dieses unschätzbare Gut [der Erkenntnis] weg – und das Leben ist den Schweiß und die Mühe nicht wert.

(5) Was für ein armseliges Wesen ist doch der Mensch, wenn er sich nicht über das Menschliche erhebt!

(7) Dann erst besitzt er doch das menschenmögliche vollendete und vollkommene Glück, wenn er alles Übel unter die Füße getreten hat und wie ein Schiff das offene Meer gewinnt und in die innersten Tiefen der Natur eindringt. Dann genießt er es, zur Höhe hinaufzusteigen und unter den Gestirnen selbst zu wandeln und von dort herabblickend über die Marmorfußböden der Reichen zu lachen

* Zu Lucilius s. S. 22 f.

und über die ganze Erde mit ihrem Gold – nicht nur das meine ich, was sie schon zu Tage gefördert hat und zum Prägen von Münzen bestimmte, sondern auch das, was sie noch verborgen hält für die Habgier der Nachwelt.

(8) Dann erst kann er die Säulengänge verachten, die Decken, die von Elfenbein schimmern, zurechtgestutzte Baumgruppen und Wasserläufe, die bis in die Häuser hineingeleitet sind. Wenn er die ganze Welt durchwandert hat und von oben auf die Erde herabsieht [...], dann wird er zu sich selbst sagen: »Das ist also der kleine Punkt, den so viele Völker mit Feuer und Schwert unter sich aufgeteilt haben? Wie lächerlich sind doch die Grenzen der Menschen!

(11) Nur ein Punkt ist es, auf dem ihr segelt, wo ihr Kriege führt, wo ihr Königreiche einrichtet, winzig klein, selbst wenn sie der Ozean auf beiden Seiten umgibt.

(17) Dies alles zu betrachten, zu erkennen und sich darein zu vertiefen, heißt das nicht, die eigene Sterblichkeit zu überspringen und in eine höhere Welt aufgenommen zu werden? ›Aber was soll dir‹, fragst du* vielleicht, ›das alles denn nützen?‹ Wenigstens doch dieses: Ich werde wissen, dass alles beschränkt ist, wenn ich mir das Göttliche zum Maßstab genommen habe.«

* Angesprochen ist ein fiktiver *interlocutor*, der Gegenargumente bringt (eine rhetorische Figur).

Die Gaben der Natur werden missbraucht – wie die Winde, die die Atmosphäre reinigen sollen und Regen bringen für das Wachstum

Naturwissenschaftliche Untersuchungen 5,18,4–9.12–14

(4) Und was hat denn den Handel und Verkehr zwischen allen Völkern ermöglicht und Stämme, die durch ihre Wohnsitze weit voneinander getrennt waren, zusammengeführt? Eine großartige Wohltat der Natur, wenn sie nicht durch den Wahnsinn der Menschen in Schaden verwandelt würde!

(5) Es war von der Vorsehung keineswegs beabsichtigt, dass wir Flotten, die weithin das Meer bedecken, mit Bewaffneten füllen und einen Feind auf dem Meer oder hinter dem Meer aufspüren sollen.

(6) Welcher Wahnsinn stört uns auf und treibt uns dazu, einander gegenseitig den Untergang zu bereiten? Wir setzen die Segel, begierig nach Krieg, stürzen uns in Gefahr nur um des Risikos willen, erproben das unsichere Geschick und die Gewalt der Stürme, die keine menschliche Gewalt besiegen kann, und suchen den Tod ohne Hoffnung auf Bestattung.

(8) Was zwingen wir andere Völker zu den Waffen? Warum stellen wir Heere auf, die mitten in den Fluten sich zum Kampf stellen sollen? Warum stören wir den Frieden der Meere? Die Erde ist uns wohl nicht weit genug für unsere Mordlust.

(9) Ihr Elenden, was sucht ihr? Den Tod, den man überall reichlich finden kann? Wie soll man das anders nennen als den reinen Wahnsinn: um sich herum Gefahren zu ver-

breiten, auf Unbekannte loszustürzen, wutschnaubend, ohne ein Unrecht erlitten zu haben, zu verwüsten, was uns in den Weg kommt, und wilden Tieren gleich den zu töten, der uns gar nichts getan hat? Dabei beißen wilde Tiere nur zur Verteidigung zu oder aus Hunger. Wir dagegen kennen keine Schonung eigenen oder fremden Blutes: Wir legen selbst Hand an, schieben die Schiffe ins Meer, überantworten unser Leben den Fluten, beten um günstige Winde, um das Glück zu haben, unseren Krieg durchführen zu können.

(12) Es trüge daher wahrhaftig viel zum Frieden der Menschheit bei, wenn die Meere verschlossen wären.

(13) Und doch können wir uns ja nicht über die Gottheit, die uns schuf, beklagen, wenn wir ihre Wohltaten missbraucht und ins Gegenteil verwandelt haben.

(14) Gott schuf die Winde auch [zum Schiffsverkehr], damit wir erkennen, was jenseits unserer Grenzen liegt. Der Mensch wäre ja ein unwissendes Geschöpf geblieben, ohne Kenntnis seiner großen Fähigkeiten, wenn er nur auf seine eigene Scholle beschränkt gewesen wäre. Die Gottheit gab uns die Winde auch, um die Vorteile jeder Region zum Nutzen aller zu machen, nicht aber, um Legionen und Reiterei zu transportieren und Waffen, Verderben bringend für andere Völker, über das Meer zu verschiffen.

III Ein Feldzug gegen die »luxuria«, die Genusssucht

Schnee als Luxusartikel

Naturwissenschaftliche Untersuchungen 4b,12–13

12 Man nimmt meistens an, dass Schnee in dem Bereich der Luft entsteht, welcher der Erde nahe ist. Die darin enthaltene Feuchtigkeit hat zwar mehr Kälte, als dass sie in Wasser und Regen übergehen würde, aber doch weniger, als um sich in Hagel zu verhärten. Wenn diese Feuchtigkeit durch diese mäßige, nicht gar zu eisige Kälte gefriert, dann entsteht Schnee.

13 (1) Du fragst mich: »Warum verwendest du so viel Mühe auf diesen nichtigen Kram, wodurch einer vielleicht gelehrter, aber nicht besser wird? Wie der Schnee entsteht, das erklärst du, wobei es doch viel wichtiger wäre für uns, wenn du erklärtest, warum man Schnee nicht kaufen soll.« Forderst du mich etwa auf, der Genusssucht [der *luxuria*] den Prozess zu machen? Das ist ein Streitfall, den man Tag um Tag und ohne Erfolg führen muss. Doch lasst uns dennoch Klage führen, mag unsere Gegnerin auch siegen, dann aber nur gegen Kampf und Widerstreit.

(3) Wir wollten freilich lieber untersuchen, wie Schnee entsteht, als wie man ihn aufbewahrt. Es genügt uns ja nicht mehr, Wein abzuziehen, die Vorräte an altem Wein nach Geschmack und Jahrgang sortiert aufzubewahren. Wir haben wahrhaftig auch noch erfunden, wie man Schnee festpressen kann, damit er den Sommer überlebt und gegen die

Hitze der Jahreszeit in einem kühlen Keller geschützt ist. Und was haben wir mit dieser sorgsamen Bemühung erreicht? Doch nur, dass man Wasser, das überall umsonst zu haben ist, jetzt kauft. Das bedauern wir, dass wir Luft und Sonne nicht kaufen können, dass unsere Luft sogar für Genussmenschen und Reiche umsonst zu haben ist. Es ist doch ewig schade, dass es noch etwas gibt, das die Natur zum Gebrauch für jedermann übrig gelassen hat!

(4) Das Wasser, das nach dem Willen der Natur für alle fließen und frei zugänglich sein soll, als Lebensquell für alle, und das sie den Menschen wie den Tieren, den Vögeln und auch den unscheinbarsten Lebewesens reichlich und großzügig zur Verfügung stellt – auch dafür hat sie, die wider sich selbst erfinderische *luxuria*, einen Preis festgesetzt. Es kann ihr doch einfach nichts gefallen, wenn es nicht teuer ist. Wasser war noch das Einzige, was die Reichen auf das Niveau der Masse herabstufte und worin sie auch vor dem Allerärmsten nichts voraushatten. Und da ist nun für diejenigen, die nicht wissen, wohin mit ihrem Reichtum, ein Mittel erfunden worden, wie auch Wasser zum Luxusartikel werden konnte.

(5) Ich will erklären, wie es dazu kam, dass uns fließendes Wasser nicht mehr kalt genug schien. Solange der Magen gesund ist, gesunde Speise verträgt und nur gefüllt, aber nicht überladen wird, genügen ihm natürliche Anregungsmittel. Wenn er aber durch tagtägliche Überladung nicht mehr die Temperatur in seiner Umgebung, sondern seine eigene Überhitzung spürt, wenn sich das dauernde Trinken auf die Eingeweide geschlagen hat und Magen und Galle überhitzt rebellieren, dann sucht man notwendigerweise ein Mittel, um diese Hitze zu lindern, die durch

Wasser geradezu noch gesteigert wird. Durch Gegenmittel regt man die Krankheit an. Man trinkt deshalb also nicht nur im Sommer, sondern auch mitten im Winter Schneewasser.

(6) Der Grund dafür ist nichts anderes als eine Krankheit im Inneren des Körpers und ein durch unmäßige Schlemmerei ruinierter Magen. Der hat ja nie mehr eine Ruhepause, denn die Hauptmahlzeit am Abend wird bis zur Morgendämmerung ausgedehnt, und dann wird gleich das Frühstück draufgesetzt. Und die durch die überreichlichen und vielfältigen Gänge schon überladenen Gäste gehen beim Trinken dann vollends unter. Und nun hat die ununterbrochene Völlerei ihnen das gesunde Empfinden sozusagen ausgekocht und sie ganz wild gemacht auf immer neue kalte Erfrischungen.

(7) Sie können zwar den Speisesaal mit Vorhängen und Fensterglas abschirmen und die Winterkälte mit starkem Feuer vertreiben, ihr erschlaffter und durch seine eigene Hitze geschwächter Magen sucht jedoch nach etwas anderem, das ihm wieder aufhilft. Man besprengt ja Bewusstlose und Ohnmächtige mit kaltem Wasser, damit sie wieder zu sich kommen, und so ist es auch mit den durch ständige Überreizung gefühllos gewordenen Eingeweiden, die man sozusagen durch einen Kälteschock wieder aktiviert.

(8) Daher kommt es, sage ich, dass sie nicht einmal mit Schnee zufrieden sind, sondern Eis suchen, weil dieses durch seine feste Masse die Kälte besser hält. Und dieses Eis schmelzen sie, indem sie immer wieder Wasser darüber gießen. Man holt das Eis aber nicht irgendwo vom Boden, sondern damit es mehr Kraft hat und seine Kälte länger hält, gräbt man es ganz tief aus der Erde aus. Daher hat es

auch keinen festen Preis; das »Wasser« – eine Schmach und Schande ist es – hat seine Händler und seinen wechselnden Verkaufspreis.

(9) Die Spartaner haben die Salbenhändler aus ihrer Stadt vertrieben und ihnen befohlen, schleunigst das Stadtgebiet zu verlassen, weil sie mit dem Öl Missbrauch trieben. Was hätten sie erst getan, wenn sie unsere Lagerräume für Eis gesehen hätten, und die vielen Lasttiere zum Transport dieses »Wassers«, dessen Farbe und Geschmack noch vom Stroh leidet, mit dem man es abdeckt!

(10) Gute Götter, wie leicht ist es doch, den gesunden Durst zu löschen! Aber was kann ein Schlund noch empfinden, der durch kochend heiße Speisen gefühllos geworden und voller Schwielen ist? Wem nämlich nichts kalt genug ist, dem ist auch nichts heiß genug. Solche Leute tauchen dann glühend heiße Pilze in eine ebenso heiße Soße und schlucken sie dann fast noch dampfend hinunter, um sie anschließend mit schneegekühlten Getränken zu löschen. Du kannst, sage ich, Gestalten sehen, abgemagert, in Kapuzenmantel und Halstuch gewickelt, bleich und kränklich, die Schnee nicht nur schlürfen, sondern regelrecht essen und Stückchen davon in ihre Becher werfen, damit das Getränk ja nicht warm wird, bevor sie es ausgetrunken haben.

(11) Durst soll das sein, glaubst du? Nein, Fieber ist es, und zwar eines, das umso heftiger ist, weil man es nicht am Pulsschlag oder an der Hautwärme spürt: Es brennt das Herz selber aus.

Die Genusssucht ist ein unüberwindliches Übel: anfangs sanft und mild, dann aber hart und andauernd. Siehst du nicht, dass durch Gewöhnung alles seine Kraft verliert?

So ist es auch mit dem Schnee, in dem ihr ja schon fast schwimmt: Er hat durch Gewohnheit und den alltäglichen Frondienst, den er dem Magen leisten muss, bereits den Platz des Wassers eingenommen. Ihr müsst euch von jetzt an etwas suchen, das kälter ist als Schnee, denn Kälte, an die man gewöhnt ist – die bringt ja gar nichts.

Die anspruchsvolle Küche

Trostschrift an die Mutter Helvia 10,2–3.5–6.8–11

(2) Der Körper hat nur bescheidene Wünsche: Kälte soll ferngehalten, mit Nahrung sollen Hunger und Durst vertrieben werden; was man darüber hinaus begehrt, das dient dem Luxus, nicht den Bedürfnissen. Es ist keineswegs nötig, sämtliche Tiefen der Erde zu durchforschen, noch mit einem Hinschlachten von Tieren den Magen zu belasten, noch Muscheln des entlegensten Meeres von unbekannten Küsten heranzuschaffen. Götter und Göttinnen sollen diejenigen verderben, deren Genusssucht noch über die Grenzen unseres schon beneidenswert großen Reiches hinausgreift.

(3) Jenseits des Phasis wollen sie fangen lassen, was eine anspruchsvolle Küche ausmacht, und man schämt sich nicht, von den Parthern, von denen wir noch keine Genugtuung erhalten haben, Vögel einzuhandeln.* Von allen

* Der Phasis ist ein Fluss am Schwarzen Meer; von dorther kamen die Fasanen. Die Parther, Nachfolger der Perser, waren römischer Landesfeind Nr. 1. Seneca meint, sie hätten trotz der erfolgreichen Bemühungen des Augustus noch nicht ausreichend Genugtuung

Seiten schleppt man herbei, was der verwöhnte Gaumen irgend nur kennt; was der von Delikatessen geschwächte Magen kaum verträgt, wird vom äußersten Ozean herbeigebracht.

Sie speien, um zu essen, sie essen, um zu speien! Und Mahlzeiten, die man aus der ganzen Welt zusammensucht, würdigt man nicht einmal der Verdauung.

(5) Bedauernswert sind die doch, deren Gaumen nur noch durch teure Speisen gereizt wird. Teuer macht sie aber nicht ein ungewöhnlicher Geschmack oder ein besonderer Gaumenkitzel, sondern nur die Seltenheit und die schwierige Beschaffung. Wenn sie zu gesunden Sinnen zurückkehren wollten, was brauchten sie da so viele dem Bauch frönende Delikatessen? Wozu Handel, Verwüstung von Wäldern, Durchsuchen der Tiefe? Überall liegt Nahrung bereit, von der Natur allenthalben bereitgestellt, aber daran gehen sie wie Blinde vorbei und durchstreifen alle Länder, fahren über die Meere, und während sie den Hunger mit geringen Mitteln sättigen könnten, reizen sie ihn mit großem Aufwand.

(6) Da möchte man doch sagen: »Was lasst ihr Schiffe auslaufen? Was bewaffnet ihr eure Hände gegen wilde Tiere und gegen Menschen? Was lauft ihr in solcher Unruhe auseinander? Was häuft ihr Schätze auf Schätze? Wollt ihr denn nicht bedenken, wie kleine Körper ihr habt? Ist das nicht Wahnsinn und totale Geistesverwirrung: So wenig kann man nur zu sich nehmen, aber so viel begehrt man! Mögt ihr also auch euer Vermögen vermehren, die Grenzen

geleistet für die römische Niederlage bei Carrhae 53 v. Chr. Von dort, aus Persien, kamen die Pfauen.

des Landes vorrücken – niemals werdet ihr doch eure Körper größer machen können.

(8) Aber freilich, unser Dictator [Curius Dentatus], der einst den Samniten Audienz gab, während er seine äußerst bescheidene Rübenmahlzeit auf dem Herd mit eigener Hand umrührte – mit der Hand, mit der er oft den Feind geschlagen, mit der er den Siegeslorbeer dem Jupiter auf dem Kapitol in den Schoß gelegt hatte, – der lebte ja wohl weniger glücklich als zu unserer Zeit ein Apicius!* Der hat – in der Stadt [Rom], aus der man einst die Philosophen als Verderber der Jugend, ausgewiesen hatte – die Kochkunst zur Wissenschaft und zum Beruf gemacht und hat mit seiner Lehre alle Welt angesteckt.

(9) Es lohnt sich, sein Ende zu kennen. Nachdem er hundert Millionen Sesterzen auf seine Küche verwendet, nachdem er so viele Geschenke der Mächtigen und die ungeheure Steuer des Kapitols in einem Gelage nach dem anderen verschwendet hatte, da zog er, von Schulden erdrückt, zum ersten Mal notgedrungen Bilanz. Er rechnete aus, dass ihm zehn Millionen Sesterzen übrig bleiben würden. Und als ob er in schlimmstem Hunger sein Leben fristen müsste, wenn er mit zehn Millionen lebte, beendete er sein Leben durch Gift.

(10) Was hatte der für eine Sucht nach Luxus, für den zehn Millionen Sesterzen ein Leben am Bettelstab bedeu-

* Zu Curius Dentatus s. S. 8. Die Samniten lebten in den Bergen oberhalb des Golfs von Neapel. Marcus Gavius Apicius lebte zur Zeit des Tiberius (reg. 14–37) in Rom; ihm wird ein Kochbuch zugeschrieben: *De re coquinaria*, in zehn Büchern. Auf dem Kapitol befand sich auch der Tempel der Iuno Moneta, in dem Münzen geprägt wurden; darauf wird hier wohl angespielt (Steuer des Kapitols).

teten! Jetzt kannst du ja glauben, dass es auf die Größe des Vermögens ankomme, nicht auf die des Geistes.

Da gab es also einen, der sich fürchtete, mit zehn Millionen leben zu müssen, und was andere sich im Gebet wünschen, dem ging er durch Gift aus dem Weg. Für diesen Menschen mit seiner verkehrten Sinnesart war jedoch der letzte Trank der heilsamste. Damals aß und trank er Gift, als er sich an maßlosen Schwelgereien nicht nur erfreute, sondern sich rühmte, als er seine Laster zur Schau stellte, als er die ganze Stadt in sein Schlemmerleben hineinzog, als er die Jugend zu seiner Nachahmung reizte – sie, die auch ohne schlechte Beispiele an sich schon gelehrig genug ist. (11) So geht es denen, die ihren Reichtum nicht in den Grenzen der Vernunft halten können, die ihr bestimmtes Maß hält, sondern sich einer lasterhaften Gewohnheit überlassen, die maßlos ist und sich nur nach der Willkür richtet. Der Gier ist nichts genug, der Natur genügt auch weniges.

Briefe an Lucilius 95,23.25

(23) Jedes geistige Interesse ist zum Erliegen gekommen, und die Professoren der Künste und Wissenschaften sitzen ohne Zuhörer in verlassenen Winkeln. In Rhetoren- und Philosophenschulen herrscht gähnende Leere – doch wie gut besucht sind die feinen Küchen, wie drängt sich die Jugend um die Kochherde der Gourmets!

(25) Ich will gar nicht reden von der Menge der Bäcker und von den Kellnern, die auf ein Zeichen hin losstürzen und durcheinanderrennen, um das Essen zu servieren. Gute Götter! Wie viele Menschen bringt ein einziger Bauch in Bewegung!

Briefe an Lucilius 95,15–16.18.23.25–29

(15) Die Heilkunst bestand einst in der Kenntnis einiger weniger Kräuter, die Blut stillen und Wunden schließen konnten. Erst allmählich entwickelte sie sich dann zu dieser heutigen vielseitigen und speziellen Wissenschaft. Kein Wunder, dass sie damals weniger zu tun hatte: Die Menschen besaßen noch einen robusten, widerstandsfähigen Körper, die Nahrung war leicht bekömmlich und nicht durch künstlichen Geschmack verfälscht. Doch seitdem man anfing, die Nahrung nicht zum Stillen des Hungers, sondern zum Anreizen des Appetits zu verwenden, und tausend Arten der Zubereitung erfunden waren, wodurch man die Esslust anregen konnte, da ist das, was für die Hungernden Nahrungsmittel waren, für die Übersättigten zur Belastung geworden.

(16) Daher die Blässe der Haut, das Zittern der vom Wein aufgeschwemmten Muskeln, und eine Magerkeit, elender durch einen kranken Magen als durch Hunger. Daher der unsichere, wankende Gang und ein ständiges Torkeln wie bei Trunkenheit, daher die Flüssigkeitsansammlung überall unter der Haut und ein völlig aufgeblähter Bauch, der sich zu seinem Schaden angewöhnt hat, mehr zu sich zu nehmen, als er vertragen kann. Daher die Gelbsucht, das fahle Aussehen, der Verfall von in sich verfaulenden Gliedern, gichtige Finger infolge von Versteifung der Gelenke, die Lähmung von empfindungslos gewordenen Muskeln oder das dauernde Zucken und Zittern.

(18) Wozu soll ich noch die zahllosen anderen Krankheiten aufzählen: Strafen für Genusssucht!

(23) Über die Unzahl von Krankheiten darfst du dich nicht wundern: Zähle nur die Köche!

(25) Was? Diese Pilze, das Genussgift, hätten keine verborgene Wirkung, auch wenn sie nicht sogleich eingetreten ist? Wie? Meinst du nicht, dass der im Sommer genossene Schnee die Leber verhärtet? Wie? Jene Austern, äußerst fades Fleisch, mit Unrat gemästet, bringt das kein schwammiges Gefühl im Magen hervor? Und die Fischsoße einer bekannten Firma, die »kostbare« Jauche aus verdorbenen Fischen – meinst du nicht, dass sie mit ihrer fauligen Salzlake die Eingeweide verbrennt?* Wie ist das mit diesen noch rohen Fleischstücken, die man beinahe direkt vom Feuer in den Mund steckt, denkst du, die werden ohne Schaden erst im Magen abgekühlt? Wie scheußlich und pestilenzartig ist daher das Aufstoßen, welcher Ekel vor sich selbst bei denen, die ihre Übelkeit vom Vortag ausdünsten! Im Magen wird, das merkst du ja, das Gegessene nicht verdaut, es verfault.

(26) Ich erinnere mich, dass man einmal überall von einer ganz edlen Schüssel redete, auf der man in einem Lokal, eifrig bemüht zum Schaden seiner Gäste, alles auf einmal untergebracht hatte, woran sich die Feinschmecker gewöhnlich sonst den ganzen Tag lang delektieren: Venusmuscheln, Stachelmuscheln und Austern, fertig zum Essen aus ihren Schalen ausgelöst und garniert mit dazwischen gelegten Drosseln. Seeigel und schon entgrätete Seebarben bedeckten den ganzen Boden der Schüssel.

* Für das beliebte *garum* oder *liquamen*, ein Hauptgewürz der römischen Küche, wurden Eingeweide von Fischen gesalzen und in der Sonne getrocknet; die faulige Brühe wurde dann abgeseiht. Besonders geschätzt war das *garum* von einer spanischen Handelsgesellschaft in Cartagena.

(27) Einzeln servierte Speisen erregen schon Überdruss: Die verschiedenen Geschmacksrichtungen werden zu einem Einheitsbrei zusammengezwungen. Bei Tisch geschieht, was im Magen vor sich gehen müsste. Ich warte schon darauf, dass die Speisen vorgekaut serviert werden. Das ist doch kaum was anderes, wenn man Muschelschalen und Gräten entfernt und der Koch die Arbeit der Zähne übernimmt! »Lästig ist es doch, einen Gang nach dem anderen zu genießen; man bringe alles auf den gleichen Geschmack und serviere es auf einmal. Warum sollte ich meine Hand nach bloß einer Sache ausstrecken? Mehreres soll gleichzeitig auf den Tisch kommen, viele raffiniert zubereitete Gänge sollen sich zu einem Geschmackserlebnis vereinen.

(28) Diejenigen aber, die glauben, diese Art zu speisen diene nur zum Angeben und Protzen, die sollen unverzüglich belehrt werden, dass man damit nichts zur Schau stellen, sondern seine Esskultur dokumentieren will. Dabei wird alles, was üblicherweise einzeln aufgetischt wird, mit einer Einheitssoße übergossen; es darf keinen Unterschied geben: Austern, Seeigel, Muscheln, Seebarben – das serviere man alles durcheinander gemischt und zusammengekocht.« Ausgekotztes wäre kein schlimmeres Gemengsel.

(29) So wie diese Esserei ein vielfältiges Durcheinander ist, so entstehen daraus auch gesundheitliche Störungen mit keinem eindeutigen Krankheitsbild, sondern komplizierte, verschiedenartige, mit vielfältigen Symptomen. Dagegen rüstet sich nunmehr auch die Heilkunst mit vielerlei Behandlungsmethoden und vielerlei Diagnosen.

Sterbende Fische als Delikatesse

Naturwissenschaftliche Untersuchungen 3,18,1–7

(1) Man erlaube mir, hier die Genussgier noch einmal besonders anzuprangern. [Man staunt ja, was es alles so gibt, aber wie viel unglaublicher noch treibt es die Genusssucht! Wie oft täuscht sie die Natur oder überbietet sie. In einem Becken im Speisesaal schwimmen Fische, und direkt während der Mahlzeit fängt man einen, der sogleich auf den Tisch gebracht wird. Eine Seebarbe gilt schon nicht mehr als frisch, wenn sie dem Gast nicht in der Hand stirbt. Man sperrt sie in gläserne Schüsseln, trägt sie auf und beobachtet ihr Farbenspiel beim Sterben, denn der Todeskampf, wenn der Fisch nach Luft schnappt, erzeugt einen vielfältigen Wechsel der Farben.]* »Es gibt doch«, sagen die Gourmets, »nichts Schöneres als eine Seebarbe, die erstickt. Mitten im Ringen nach Atem erzeugt sie erst Röte, dann Blässe, die Schuppen schillern in verschiedenen Tönen, und zwischen Leben und Tod wechselt die Farbe in mehreren Nuancen. Wie spät erst ist unsere verschlafene, träge Genusssucht aus ihrer Gleichgültigkeit aufgewacht und hat gemerkt, welche Köstlichkeit sie da so lange verpasst hat! Diesen herrlichen Anblick konnten ja bisher nur die Fischer genießen!«

(2) »Was soll ich mit einem gekochten Fisch? Was mit einem toten? Hier auf dem Teller soll er ersticken!« Wir hielten es früher bei diesen Feinschmeckern für das höchste der Gefühle, wenn sie keinen Fisch mochten, der nicht am

* Dieser Passus steht in *Naturwissenschaftliche Untersuchungen* 3,17, 1–2 und wurde hier eingesetzt, weil er den Kontext gut ergänzt.

selben Tag gefangen war und, wie sie sagten, noch nach Meer schmeckte. Daher wurden die Fische in eiligem Lauf herbeigebracht, und den keuchenden und laut schreiend dahineilenden Trägern machte man Platz. (3) Aber wie weit ist es nun mit unserer Feinschmeckerei gekommen? Für die Gourmets heute ist ein toter Fisch schon ein verdorbener Fisch. »Aber er ist erst heute gefangen!« »In einer so wichtigen Frage kann ich dir nicht glauben. Ich kann nur dem Fisch selbst glauben. Man bringe ihn hierher, vor meinen Augen soll er sein Leben lassen.« So verwöhnt sind jetzt die Bäuche dieser Feinschmecker, dass ihnen kein Fisch mehr schmeckt, den sie nicht an der Tafel selbst noch schwimmen und zappeln gesehen haben. So macht die Genusssucht täglich immer feinere und raffiniertere Erfindungen, um sich in ihrem Wahnwitz vom Gewöhnlichen abzusetzen.

(4) Früher konnte man hören: »Nichts ist besser als eine Seebarbe von einer Felsenküste.« Doch jetzt heißt es: »Nichts ist schöner als eine sterbende. Gib mir das Glas in die Hand, in dem sie herumspringen und sich totzappeln soll.« Wenn sie sich lange genug abgequält hat, zieht man sie aus ihrem durchsichtigen Behälter heraus.

(5) Wer dann der beste Kenner ist, der weist auf alles Wichtige hin: »Schau, wie die Röte aufleuchtet, heller als alles Zinnoberrot; sieh, wie die Adern an den Seiten anschwellen! Da – der Bauch sieht aus wie Blut – und wie sich da ein heller, blau leuchtender Glanz verbreitet, im letzten Augenblick. Jetzt aber streckt sie sich schon, wird bleich und bekommt wieder eine gleichmäßige Farbe.«

(6) Von diesen Menschen aber setzt sich keiner zu einem Freund ans Sterbebett, keiner bringt es über sich, den Tod

seines Vaters mitanzusehen, den er doch herbeiwünscht. Wie viele sind es denn, die die Leiche eines Familienmitglieds bis zum Scheiterhaufen begleiten? Den Bruder, die Verwandten lässt man in ihrer letzten Stunde allein, aber zum Tod einer Seebarbe rennt alles zusammen. »Es gibt ja auch wirklich nichts Schöneres.« (7) Ich kann mich nicht zurückhalten, bisweilen aus der Haut zu fahren und mehr als deutlich zu sagen, wie es ist: Diese Typen sind bei ihrer exquisiten Küche nicht mit Zähnen, Bauch und Magen zufrieden, auch mit den Augen müssen sie gefräßig sein.

Briefe an Lucilius 89,22

(22) Zu euch komme ich jetzt, die ihr mit eurem unergründlichen und unersättlichen Schlund hier die Meere, dort die Länder durchwühlt, den einen Tieren mit Haken, den anderen mit Schlingen, wieder anderen mit verschiedenartigen Netzen nachstellt, alles mit großem Aufwand. Kein Tier lasst ihr in Frieden – es sei denn, es schmeckt euch nicht. Und doch – wie wenig von diesen Gerichten, von so vielen Händen zubereitet, kommt in euren Mund, der schon ermattet ist von allzu vielen Genüssen? Wie wenig von diesem unter Gefahren erjagten Wild kostet der Hausherr noch, mit verdorbenem Magen und an Übersättigung leidend! Wie wenige von diesen aus weiter Ferne herbeigeschafften Muscheln gleiten in diesen unersättlichen Magen! Ihr Unglücklichen, merkt ihr denn nicht, dass euer Hunger nach Genüssen größer ist als euer Magen?

Briefe an Lucilius 89,19

Wenn die Leute fragen: »Wie lange noch willst du uns immer dasselbe erzählen?«, dann muss ich sagen: »Solange ihr immer noch dieselben Fehler begeht!« Ihr wollt, dass man mit den Heilmitteln eher aufhört, als die Krankheiten behoben sind. Ich werde aber umso mehr meine Stimme erheben und, weil ihr euch sträubt, umso hartnäckiger sein. Dann beginnt die Medizin zu wirken, wenn an einem gefühllosen Körper eine Berührung Schmerz hervorruft.

Immer mehr Wohnluxus

Briefe an Lucilius 89,20–21

(20) Wie weit wollt ihr die Grenzen eurer Besitzungen noch ausdehnen? Ein Landstück, das für ein ganzes Volk groß genug war, ist nun für einen Besitzer zu eng? Wie weit werdet ihr euch mit eurem Umpflügen noch ausdehnen, nicht einmal dann zufrieden, wenn eure Ländereien das Ausmaß von ganzen Provinzen haben? Der Lauf berühmter Flüsse führt durch privates Gelände, und große Ströme, Grenzen großer Völker, sind von der Quelle bis zur Mündung euer Besitz. Erweitert ihn, wie ihr wollt, ein Landgut soll das sein, was früher ein Reich genannt wurde, eignet euch an, was immer ihr könnt, vorausgesetzt, dass es überhaupt noch etwas gibt, was euch nicht gehört.

(21) Jetzt spreche ich mit euch, deren Luxusstreben ebensolche Ausmaße annimmt wie die Habgier der ande-

ren. Euch sage ich: Wie lange noch, bis es keinen See mehr geben wird, über den nicht die Giebel eurer Landhäuser hinausragen? Keinen Fluss, dessen Ufer nicht eure Bauten säumen? Überall dort, wo warme Quellen hervorsprudeln, werden neue Luxusherbergen entstehen. Überall, wo sich die Meeresküste zu einer Bucht biegt, werdet ihr unverzüglich Fundamente legen, und nicht zufrieden mit einem Grund und Boden, wenn ihr ihn nicht selbst künstlich geschaffen habt, werdet ihr das Meer zurückdrängen. Mögen auch überall eure Paläste erstrahlen, hier errichtet auf Bergen, mit weitem Ausblick auf Land und Meer, dort aus der Ebene aufsteigend bis zu Bergeshöhen – auch wenn ihr noch so viele, noch so großartige Bauten errichtet habt, ihr bleibt doch jeder nur ein einzelner Körper, und was für ein winziger. Was nützen euch die vielen Schlafzimmer? Ihr könnt doch nur in einem einzigen schlafen. Nichts gehört euch, wo ihr gerade nicht seid.

IV Askesetraining – die Reise ins einfache Leben

Briefe an Lucilius 18,1–7

(1) Es ist der Monat Dezember, und die Stadt ist schweißgebadet, mehr als je [im Sommer], Ausgelassenheit ist offiziell erlaubt. Infolge gewaltiger Vorbereitungen schallt überall ein Getöse – als ob es einen Unterschied geben müsste zwischen den Saturnalien* und den gewöhnlichen Werktagen. Es gibt aber nun gar keinen Unterschied – so hat sich der wohl nicht geirrt, der sagte, einst sei der Dezember ein Monat gewesen, jetzt dauere er aber ein ganzes Jahr.

(2) Wenn ich dich hier hätte, würde ich mich gerne mit dir beraten: Was meinst du, was sollen wir tun? Sollen wir an unserer täglichen Lebensweise nichts ändern, oder sollen wir, damit es nicht aussieht, als lehnten wir die volkstümlichen Bräuche ab, fröhlicher speisen und die Toga ablegen. Wir haben ja – was früher nur in turbulenten und in schweren Zeiten im Staatswesen üblich war – nun zum Vergnügen und wegen der Feiertage das Gewand gewechselt.**

* Feiertage vom 17. bis zum 23. Dezember zu Ehren des altitalischen Gottes Saturn. In Erinnerung an das Goldene Zeitalter waren Herren und Sklaven gleich und es wurde ausgelassen gefeiert. Es wurden auch Geschenke gekauft, vor allem kleine Tonfigürchen, *sigilla*, daher der Name des Marktes: Sigillaria. Vgl. *Briefe an Lucilius* 47,14.

** In der Öffentlichkeit trug man die Toga, im Krieg den Soldatenmantel, daheim und zu Gastmählern neben der Tunica auch die

(3) Wenn ich dich gut genug kenne, würdest du in der Rolle des Schiedsrichters nicht wollen, dass wir in allem der Volksmenge mit den Filzkappen* auf dem Kopf ähnlich sein sollen, aber auch nicht ganz und gar verschieden von ihr; es sei denn, man müsse gerade in diesen Tagen dem Geist gebieten, sich gerade dann als Einziger von allem Amüsement fernzuhalten, wenn die ganze Volksmenge feierwütig ist. Den zuverlässigsten Beweis für unsere Charakterstärke bekommen wir ja dann, wenn wir zu den verführerischen und verlockenden Vergnügungen einfach nein sagen.

(4) Es erfordert ja viel mehr Seelenstärke, angesichts einer Menge, die sich betrinkt und sich erbricht, nüchtern und enthaltsam zu bleiben; man braucht aber mehr Sinn für das rechte Maß, um sich nicht gänzlich und provozierend herauszuhalten noch sich mit jedermann gemein zu machen – also dasselbe zu tun [nämlich zu feiern], aber nicht auf dieselbe Weise. Man kann ja auch, ohne sich gehen zu lassen, einen Festtag feiern.

(5) Übrigens bin ich so fest entschlossen, deine Seelenstärke auf die Probe zu stellen, dass ich nach der Vorschrift bedeutender Männer auch dir raten darf: Schiebe ein paar Tage ein, an denen du dich mit ganz kärglicher und einfacher Kost, mit grober und rauer Kleidung begnügst und dir sagen darfst: »Ist es das, wovor man sich fürchtet?«

synthesis, ein leichtes Hauskleid, das man während der Saturnalien auch auf der Straße anhatte.

* Die Filzkappe, *pilleus* oder *pilleum*, wurde von Sklaven nach ihrer Freilassung getragen, an den Saturnalien aber allgemein als Zeichen der ursprünglichen Gleichheit im Goldenen Zeitalter des Saturn.

(6) Gerade in sorglosen Zeiten soll sich der Geist auf Schwierigkeiten einstellen und sich gegen die Heimsuchungen des Schicksals wappnen, noch während es uns günstig gestimmt ist. Der Soldat führt mitten im Frieden Manöver durch, ohne einen Feind in Sicht verschanzt er sich hinter Wall und Graben, und wird müde bei überflüssigen Strapazen, um den notwendigen gewachsen zu sein. Wer nicht will, dass einer im Ernstfall zu zittern beginnt, der trainiere ihn, bevor es ernst wird. Das haben diejenigen befolgt, die alle Monate einmal die Armut nachgeahmt haben und nahezu Mangel litten, um sich niemals vor dem zu ängstigen, was sie ja oft gelernt hatten.

(7) Du brauchst jetzt nicht zu denken, ich rede hier von den Mahlzeiten eines Timon oder von Armenstübchen oder was es sonst noch gibt, womit die Übersättigung am Reichtum ihr Spiel treibt.* Ein echtes Feldbett soll es sein, ein Soldatenmantel und ein hartes Stück Schwarzbrot. Ertrage das drei oder vier Tage lang, bisweilen auch mehrere Tage, damit es kein Spaß ist, sondern eine echte Probe. Dann, glaube mir, Lucilius**, wirst du für ein paar As gesättigt sein und dich ganz und gar wohlfühlen – und du wirst erkennen, dass man zur Sättigung kein großes Glück braucht. Was für die dringendsten Bedürfnisse ausreicht, das wird Fortuna auch hergeben, wenn sie dir gerade nicht wohlgesinnt ist.

* Timon, der Menschenfeind, bewirtete seine Gäste äußerst spärlich. In den Häusern der Reichen gab es solche Räume, in denen man das einfache Leben spielte, vgl. *Briefe an Lucilius* 20,13; 100,6; *Trostschrift an die Mutter Helvia* 12,3.

** Zu Lucilius s. S. 22 f.

Briefe an Lucilius 20,13

So halte ich es für unerlässlich, dass wir, was bedeutende Männer oft taten, einige Tage einschalten, an denen wir uns durch simulierte Armut auf die echte einüben. Das müssen wir umso eher tun, da wir durch den Luxus entkräftet sind und alles für hart und schwierig ansehen. Vielmehr soll der Geist aus dem Schlaf geweckt, aufgerüttelt und daran erinnert werden, dass uns die Natur nur ein Minimum zugestanden hat. Niemand wird reich geboren; jeder, der das Licht der Welt erblickt, wird aufgefordert, sich mit Milch und Windeln zufrieden zu geben. Wenn wir uns solche Anfänge vor Augen stellen, werden uns selbst Königreiche nicht beeindrucken können.

Briefe an Lucilius 87,1–10

(1) Meine derzeitige Reise hat mich darüber belehrt, wie viel Überflüssiges wir doch haben und wie leicht wir bei vernünftigem Überlegen so manches weglassen können, was wir, wenn es einmal zwangsweise verschwindet, gar nicht als Verlust empfinden.

(2) Mit ganz wenigen Sklaven, wie sie eben nur auf einem einzigen Gefährt Platz haben, ohne irgendwelches Gepäck bis auf das, was wir auf dem Leibe tragen, führen mein Freund Maximus* und ich schon zwei Tage lang ein ausgesprochen glückliches Leben. Eine Matratze liegt auf dem Boden des Wagens, ich liege auf der Matratze; von

* Über Maximus ist nichts Weiteres bekannt.

zwei Reisemänteln ist der eine zur Unterlage, der andere zur Decke geworden.

(3) Vom Frühstück hätte man nichts wegnehmen können, im Nu war es fertig, ich bin ja nirgends ohne getrocknete Feigen, niemals ohne Schreibtäfelchen; die Feigen dienen, wenn ich Brot habe, als Beilage, wenn nicht, ersetzen sie das Brot. Als übliche Neujahrsgeschenke machen sie mir jeden Tag zum Beginn eines neuen Jahres, das ich glückbringend sein lasse durch gute Gedanken und einen Aufschwung der Seele, die niemals mehr ins Weite geht, als wenn sie Fremdes abgelegt und sich Frieden geschaffen hat, indem sie nichts fürchtet, und die sich Reichtum geschaffen hat, indem sie nichts begehrt.

(4) Das Fahrzeug, in das ich gestiegen bin, ist ein Bauernwagen; dass die Maultiere noch leben, beweisen sie durch gemächlichen Schritt, der Maultiertreiber geht barfuß, nicht nur wegen der Sommerhitze. Kaum bringe ich es über mich, dieses Fahrzeug offen als mein Eigentum sehen zu lassen; es besteht immer noch diese falsche Scham vor dem Richtigen, und sooft wir einer vornehmeren Reisegesellschaft begegnen, werde ich unwillkürlich rot. Das ist der Beweis: Was ich billige, was ich lobe, hat noch keinen sicheren und festen Platz in meinem Innern. Wer wegen eines armseligen Fahrzeugs rot wird, der möchte sich einer kostbaren Kutsche rühmen.

(5) Zu wenig bin ich bis heute vorangekommen, noch getraue ich mich nicht, ein einfaches Leben in der Öffentlichkeit zu dokumentieren, auch jetzt kümmere ich mich noch um die Meinung von Leuten, die mir auf der Straße begegnen.

Dabei müsste man doch gegen die Meinungen der ganzen Menschheit seine Stimme erheben: Verrückt seid ihr, in die Irre geht ihr, staunt Überflüssiges an, schätzt keinen nach seinem eigenen Wert ein. Wenn es ums Vermögen geht, dann seid ihr sehr sorgfältige Rechner und verbucht alles genau bei einzelnen Leuten, denen ihr Geld entweder als Darlehen oder als eine Wohltat zuwenden wollt – auch Wohltaten verbucht ihr schon als Ausgaben:

(6) Der Betreffende hat ausgedehnten Grundbesitz, aber viele Schulden; er besitzt ein prächtiges Haus, aber mit geliehenem Geld erbaut; niemand wird leicht eine so ansehnliche Dienerschaft vorweisen können, aber er kommt seinen Schuldforderungen nicht nach; wenn er seine Gläubiger ausbezahlt hat, bleibt ihm selbst nichts übrig. Das Gleiche müsst ihr doch auch bei den übrigen Dingen machen und genau prüfen, was jeder an Eigenem hat.

(7) Du hältst da einen für reich, weil er auch auf Reisen goldenen Hausrat dabeihat, weil er in sämtlichen Provinzen Ackerland besitzt, weil er ein großes Zinsbuch wälzt, weil er so viel Ackerland in der Umgebung Roms besitzt, wie man es sogar in den öden Gegenden Apuliens nicht neidlos besitzen könnte: Wenn du alles aufgelistet hast, stellt sich heraus, dass er arm ist. Wieso? Weil er Schulden hat. »Wie viel?«, fragst du. Alles sind Schulden, es sei denn, du hältst es für einen Unterschied, ob einer bei einem Menschen oder beim Schicksal eine Anleihe aufgenommen hat.

(8) Was kommt es an auf wohlgenährte Maultiere, alle in der gleichen Farbe? Was auf die kunstvoll verzierten Wagen hier? Was braucht man Pferde, wie sie Vergil beschreibt [*Aeneis* 7,277 ff.], mit bestickten Decken, goldenem Zaumzeug und goldenen Gebissstangen – Derartiges kann weder den Herrn besser machen noch das Pferd.

(9) Marcus Cato, der Zensor, – er wurde ebenso zum Wohl des Staates geboren wie Scipio: der eine führte nämlich Krieg mit unseren Feinden [den Karthagern], der andere mit unseren Sitten –, dieser Cato also ritt immer auf einem einfachen Gaul, dem zudem noch Packtaschen aufgeladen waren, um das Nötige dabeizuhaben.* Ach, wie sehr wünschte ich mir, dass ihm jetzt unterwegs einer von diesen feinen Bürschchen begegnete, einer von diesen Reichen, einer, der Vorläufer, numidische Reiter und eine gewaltige Staubwolke vor sich hertreibt!** Der würde zweifellos kultivierter und in passenderer Begleitung daherkommen als unser Cato. Und der Bursche würde sich inmitten seiner Luxusausstattung wohl gerade fragen, ob er sich zur Abwechslung mal zum Gladiatorenkampf oder zur Tierhetze verdingen soll.***

(10) Welch große Zierde seines Jahrhunderts war es doch, dass ein Feldherr, mit einem Triumph ausgezeichnet, gewesener Zensor, und was über dem allen steht, eben ein Cato, mit einem einzigen Klepper zufrieden war, und nicht einmal mit einem ganzen; einen Teil davon belegte nämlich das Gepäck, das an beiden Seiten herabhing. Sollte man so nicht allen wohlgenährten gallischen Ponys, spanischen Edelrössern und Passgängern jenes einzigartige Pferd vorziehen, das von Cato persönlich gestriegelt worden ist?

* Zu Cato s. Anm. S. 39, zu Scipio s. Anm. S. 36.

** Die Numider in Nordafrika waren berühmt als gute Reiter auf edlen Wüstenpferden.

*** Unter Nero (reg. 54–68) traten auch Mitglieder der Nobilität als Kämpfer in der Arena oder als Bühnenkünstler auf, vgl. *Briefe an Lucilius* 99,13.

V »Du lobst die Armut und lebst im Reichtum!«

Vom glücklichen Leben 17,1–3

(1) Da könnte nun einer von denen, die in der üblichen Weise gegen die Philosophie geifern, sagen: »Warum bist du im Reden viel forscher als im Leben? Warum gibst du dich einem Ranghöheren gegenüber so unterwürfig, warum hältst du das Geld für ein dir unentbehrliches Mittel, lässt dich durch einen Verlust aus dem Gleichgewicht bringen, vergießt Tränen, wenn du vom Tod der Gattin oder eines Freundes hörst? Nimmst Rücksicht auf deinen Ruf und lässt dich von böswilligem Gerede beeinflussen?

(2) Warum ist dein Land besser bebaut, als es ein naturgemäßer Gebrauch verlangt? Warum an deinem Tisch dieser Unterschied zwischen Lehre und Leben? Warum so glänzender Hausrat? Warum trinkt man bei dir Wein, der älter ist als du? Warum wird überall Gold zur Schau gestellt? Warum werden Bäume gepflanzt, die nichts als Schatten geben? Warum trägt deine Frau einen Schmuck an den Ohren, der ein ganzes Vermögen wert ist? Wozu die Dienerschaft in kostbarer Livree? Warum ist es eine eigene Kunst, bei dir aufzuwarten, und das Tafelsilber liegt nicht irgendwo, sondern genau am bestimmten Platz, und es gibt sogar einen eigenen Trancheur für das Fleisch?!«

Du kannst, wenn du willst, noch hinzufügen: »Warum hast du Güter in Übersee? Warum mehr, als du überschauen kannst? Zu deiner Schande bist du entweder zu nachlässig, dass du deine wenigen Sklaven nicht kennst, oder du bist so verschwenderisch, dass du mehr besitzt, als du im Gedächtnis behalten kannst!«

(3) Ich werde später deine Scheltreden noch ergänzen und mehr, als du glaubst, an Vorwürfen noch hinzufügen: Für jetzt sage ich dir nur das eine: Ich bin kein Weiser – und um deinem Übelwollen noch mehr Nahrung zu geben: aus mir wird auch keiner werden. Verlange daher von mir nicht, dass ich es mit den Besten aufnehmen kann, sondern höchstens, dass ich besser sei als die Schlechten. Mir genügt es, wenn ich täglich meine Fehler etwas zu verringern und meine Irrtümer zu beklagen vermag.

Darf der philosophisch Lebende Güter besitzen?

Vom glücklichen Leben 18,1

»Du redest anders, als du lebst!« Das hat man auch Platon, Epikur und Zenon [also drei großen griechischen Philosophen] vorgeworfen – ihr böswilligen Menschen, die ihr gerade die Besten schlecht machen wollt! Diese alle sprachen ja nicht davon, wie sie selber lebten, sondern wie man eigentlich leben müsse. Von der Tugend ist die Rede, nicht von meiner Person; wenn ich mich gegen die Fehler wende, dann streite ich vor allem mit meinen eigenen; sobald ich es kann, werde ich leben, wie ich sollte.

Vom glücklichen Leben 20,1

»Die Philosophen halten nicht das, was sie sagen.« Viel leisten sie aber doch, indem sie ihr sittliches Ideal in Worte fassen; würden sie auch nach diesen Worten leben – was gäbe es Glücklicheres als sie? Freilich darf man ein gutes Wort und ein Herz voll guter Gedanken nicht gering achten. Die Beschäftigung mit heilsamem Tun und Denken ist lobenswert, auch wenn sie nicht immer den erwünschten Erfolg hat.

Vom glücklichen Leben 21,1–2.4

(1) Warum, sagt ihr, nennt sich der da einen Jünger der Philosophie und lebt dabei in solchem Reichtum? Warum nennt er reiche Güter verachtenswert und besitzt sie doch? Das Leben schätzt er gering, will aber doch am Leben bleiben? Die Gesundheit hält er für wertlos, pflegt sie aber doch sorgfältig und wünscht sie sich möglichst gut. Und Verbannung ist ihm nur ein leeres Wort, und er sagt: »Was ist schon schlimm daran, in eine andere Gegend überzuwechseln?« Und doch wird er, wenn möglich, in seinem Vaterland alt und grau werden. Ob längere oder kürzere Lebenszeit, das macht seiner Meinung nach keinen Unterschied, und doch, wenn es geht, dehnt er sein Leben aus und genießt es, im Alter noch frisch zu sein.

(2) Ja, es ist so: Er erklärt, man müsse das alles geringschätzen, aber nicht, man dürfe es gar nicht besitzen, sondern man solle sich nicht ängstlich daran klammern. Er weist solchen Besitz nicht von sich; wenn dieser ihn aber verlässt, dann lässt er ihn mit Gelassenheit ziehen. Reich-

tum freilich – wo könnte ihn Fortuna sicherer hinterlegen als dort, wo sie ihn klaglos wieder ausgehändigt bekommt?

(4) Der Weise hält sich ja nicht für unwürdig gegenüber irgendwelchen Gaben des Zufalls. Er liebt den Reichtum nicht, zieht ihn der Armut aber vor, nicht in sein Herz, nur in sein Haus nimmt er ihn auf; er verschmäht ihn nicht, wenn er ihn hat, sondern hält ihn zusammen, und es ist ihm lieb, dass ihm für die Betätigung seiner Tugend größere Mittel zu Gebote stehen.

Reichtum ermöglicht Wohltätigkeit

Vom glücklichen Leben 22,1

Kann es aber einen Zweifel geben, dass der Weise größere Möglichkeiten hat, seine Gesinnung zu entfalten, wenn er reich als wenn er arm ist? In der Armut gibt es ja nur eine Art der Tugend, nämlich sich nicht beugen und nicht niederdrücken zu lassen. Im Reichtum aber findet sich ein weites Feld für die Betätigung von Mäßigung, Freigebigkeit, sorgfältiger Überlegung und Planung sowie Großzügigkeit.

Vom glücklichen Leben 24,3

Wie? Gerade das Haus eines reichen Mannes hat doch so viele Gelegenheiten für Wohltaten! Denn wer beschränkt die Freigebigkeit nur auf römische Bürger? Für alle Menschen eine helfende Hand zu haben heißt mich die Natur, ob es Sklaven oder Freie sind, Freigeborene oder Freigelassene, offiziell oder mehr inoffiziell freigelassen, welchen Unterschied macht das? Wo nur immer ein Mensch ist, da ist die Gelegenheit für eine Wohltat. So kann man auch das Geld im eigenen Haus verteilen und Freigebigkeit üben, die ihren Namen nicht davon hat, dass man sie Freien schuldet, sondern weil sie aus einer freien Seele kommt.

Vom glücklichen Leben 23,1

Hör also auf, den Philosophen das Geld zu verbieten! Niemand hat die Weisheit zur Armut verurteilt.

Vom glücklichen Leben 22,5

Du willst wissen, inwieweit der Reichtum bei mir nicht den gleichen Rang einnimmt wie bei dir? Kurz gesagt: Ich bin im Besitz des Reichtums, dich aber hat der Reichtum in Besitz.

Literaturhinweise

Den Übersetzungen liegen die folgenden Ausgaben zugrunde:

L. Annaei Senecae ad Lucilium Epistulae morales. Ed. L. D. Reynolds. Oxford 1965.

L. Annaei Senecae Dialogorum libri duodecim. Ed. L. D. Reynolds. Oxford 1965.

L. Annaeus Seneca: Naturales Quaestiones / Naturwissenschaftliche Untersuchungen. Lat./Dt. Hrsg. von M. F. A. Brok. Darmstadt 1995.

Zweisprachige Seneca-Ausgaben bei Reclam, Auswahl

De brevitate vitae / Von der Kürze des Lebens. Lat./Dt. Hrsg. und übers. von M. Giebel. Stuttgart 2013. [Universal-Bibliothek. 18545.]

De ira / Über die Wut. Lat./Dt. Hrsg. und übers. von J. Wildberger. Stuttgart 2007. [Universal-Bibliothek. 18456.]

De otio / Über die Muße. De providentia / Über die Vorsehung. Lat./Dt. Hrsg. und übers. von G. Krüger. Stuttgart 1996. [Universal-Bibliothek. 9610.]

De tranquillitate animi / Über die Ausgeglichenheit der Seele. Lat./Dt. Hrsg. von H. Gunermann. Stuttgart 1995. [Universal-Bibliothek. 1846.]

De vita beata / Vom glücklichen Leben. Hrsg. und übers. von F.-H. Mutschler. Stuttgart 2009. [Universal-Bibliothek. 1849.]

Epistulae morales ad Lucilium / Briefe an Lucilius über Ethik. Lat./Dt. Übers. von H. Gunermann, F. Loretto, R. Rauthe. Hrsg., komm. und mit Nachwort versehen von M. Giebel. 2 Bde. Stuttgart 2018.

Naturales quaestiones / Naturwissenschaftliche Untersuchungen. Lat./Dt. Hrsg. und übers. von E. und O. Schönberger. Stuttgart 1998. [Universal-Bibliothek. 9644.]

Sammelausgaben bei Reclam

Seneca: Glück und Schicksal. Philosophische Betrachtungen. Hrsg. und übers. von M. Giebel. Stuttgart 2017.

Seneca zum Vergnügen. Hrsg. und übers. von M. Giebel. Stuttgart 2014.

Seneca: Der gute Tod. Ausgewählt und übers. von G. König. Stuttgart 2017. [Universal-Bibliothek. 19460.]

Zu Senecas Leben und Werk – Auswahl

Albrecht, M. von: Seneca. Eine Einführung. Stuttgart 2018. [Universal-Bibliothek. 17691. Mit ausführlicher Bibliographie.]

Bartsch S. / Wray, D. (Hrsg.): The Cambridge Companion to Seneca. Cambridge 2015.

Berndl, W.: Ein Leben für und gegen Kaiser Nero. Hamburg 2016.

Fuhrmann, M.: Seneca und Kaiser Nero. Berlin 1997.

Giebel, M.: Seneca. Reinbek bei Hamburg ^{8}2017. [Rowohlts Monographien.]

Griffin, M. T.: Seneca. A Philosopher in Politics. Oxford 1992.

Grimal, P.: Seneca. Macht und Ohnmacht des Geistes. Darmstadt 1978.

Hadot, I.: Seneca und die griechisch-römische Tradition der Seelenleitung. Berlin 1969.

Hadot, P.: Philosophie als Lebensform. Geistige Übungen in der Antike. Berlin 1991.

Inwood, B.: Reading Seneca. Stoic Philosophy at Rome. Oxford 2005.

Kuen, G.: Die Philosophie als »dux vitae«. Heidelberg 1994.

Marcuse, L.: »Ein Brief des Weisen Seneca: Über das glückliche Leben«. In: L. M.: Philosophie des Glücks. Von Hiob bis Freud. Zürich 1972. S. 91–113.

Maurach, G.: Seneca. Leben und Werk. Darmstadt ^{5}2007.

Romm, J.: Seneca und der Tyrann. Die Kunst des Mordens an Neros Hof. München 2018.

Schönegg, B.: Senecas *Epistulae morales* als philosophisches Kunstwerk. Bern 1999.

Veyne, P.: Weisheit und Altruismus. Eine Einführung in die Philosophie Senecas. Frankfurt 1993.
– Seneca. The Life of a Stoic. London 2006.
Wildberger, J.: Seneca und die Stoa. Der Platz des Menschen in der Welt. 2 Bde. Berlin 2006.